Cuentos alegres

PARA PRINCIPIANTES

Third Edition

Edited by Mario B. Rodríguez

UNIVERSITY OF PUERTO RICO AT MAYAGÜEZ

HOLT, RINEHART AND WINSTON, INC.

New York   Toronto   London

Illustrations by Rafael Palacios, Doris O'Neill and Bert Tanner

Copyright © 1972 by Holt, Rinehart and Winston, Inc.
Previous Editions © 1958, 1967 by Holt, Rinehart and Winston, Inc.
All Rights Reserved
Library of Congress Catalog Card Number: 78-153486

Printed in the United States of America
ISBN: 0-03-080276-8
2345678 006 987654321

Preface

This *Third Edition* of *Cuentos alegres* features the addition of two new modern stories to the fourteen from the previous edition which have proven to be most popular and effective in the classroom with elementary students of Spanish.

This reader is made up of short stories by sixteen outstanding Spanish and Spanish-American writers. They differ widely in setting, in subject matter and in style, but have in common emphasis on action, plot and dialogue rather than on characterization or psychological motivation. They are cheerful, colorful stories of excitement, adventure and humor.

The stories have been edited with the needs and limitations of the student foremost in mind, but care has been taken to retain the style and authentic flavor of the originals. They can be read and enjoyed by the student as soon as he has acquired only a minimum vocabulary and a knowledge of basic structures. Words beyond the usual basic vocabulary of some 600 to 700 words are conveniently translated on their first occurrence in the margin of the page where they appear. Each new word or idiom is translated again when the second occurrence is on a succeeding page. The same treatment is given to difficult constructions and subjunctives (other than commands).

Excercises of several types have been provided, with stress on oral practice in the use of simple, fluent Spanish, as well as vocabulary building and basic grammatical structure.

M. B. R.

Contents

I

Gibraltar

CARLOS DE ARCE

— ¡Gibraltar! ¡Ven, Gibraltar! — llama la muchacha. Después silba:

— Siui, siui, siui, ¡Gibraltar!

Entonces un hermoso buldog, que asusta a Robertito, llega corriendo.

Su dueña, Miss Woken, es una muchacha de padres ingleses. Nació no sé si en el Congo o en la India. Es rubia, muy delgada, y tiene ese carácter típico de los ingleses.

¡Ven, Gibraltar! Come, Gibraltar!
silba she whistles

rubia blonde
delgada thin

1

barrio district

tiene la culpa is to blame
lo peor the worst thing

dejan que los otros chicos jueguen let the other children play

de dieciséis años de edad sixteen-year-old

les amenaza con threatens to
fauces jaws

se asusta gets scared

tiene nueve años is nine years old
Cuando sea When he is
colegio school
no tiene nada que ver has nothing to do

marinero sailor
torero bullfighter

haberle asustado having scared him
jugar a la pelota to play ball
se olvida de forgets about

abogado lawyer

vecinos neighbors

esposa wife

notas grades
regaña he scolds

A Robertito, como a todos los chicos de su edad que viven en aquel barrio, no le gustan los ingleses, es decir, la familia Woken. Es verdad que el buldog en parte tiene la culpa. Aunque lo peor es la arrogancia de los Woken de poseer aquel hermoso 5 animal.

Los pequeños Woken nunca dejan que los otros chicos jueguen con él, diciendo que el perro es suyo. Y Miss Woken, la señorita inglesa de dieciséis años de edad, les enseña los caramelos que después da 10 al perro. Además, a veces les amenaza con echarles a sus fauces.

Por eso Robertito, cuando ve al hermoso animal pasar cerca de él, se asusta. Porque el chico sólo tiene nueve años. Cuando sea mayor, sus padres van 15 a mandarle a un gran colegio, y después será médico. Aunque la idea de ser médico no tiene nada que ver con lo que Robertito va a ser en el futuro, porque antes de pensar en esa carrera, ya ha pensado en ser marinero, *cowboy* o un torero famoso. 20

Miss Woken coge al buldog por el collar y luego se va. Robertito la ve irse muy contenta con su perro, después de haberle asustado, lo cual le molesta un poco. Pero después, se va a jugar a la pelota con unos chicos y se olvida de Miss Woken y del 25 perro.

La familia de Robertito vive bien. Es verdad que su padre no es millonario, pero dentro de su modesta profesión de abogado, viven bien.

Don Roberto, como le llaman los vecinos, es un 30 buen padre, según dice su esposa Merche. Sin embargo Mari-Nieves, la hermana de Robertito, dice que es muy malo, porque cuando ella trae malas notas del colegio la regaña severamente.

A la hora del almuerzo están todos sentados a la
mesa: papá Roberto, mamá Merche, Mari-Nieves
y Robertito. La radio da las noticias. No hay música, porque parece que todos los días a la hora
5 del almuerzo la radio no tiene música.
¡Ah! pero a Robertito le llama la atención algo
que han dicho. La radio está hablando de Gibraltar
y los ingleses. Esto le hace pensar en algo desagradable. También recuerda que algunos estudian-
10 tes gritaban en la Gran Vía: "¡Gibraltar español!
¡Queremos Gibraltar!"
El chico recuerda esto cuando oye que la radio
dice: "Los patriotas españoles no deben permitir
la humillación que los ingleses desean, al tener a
15 Gibraltar, en suelo español, como una colonia
inglesa . . ."
Lo que dice la radio de Gibraltar español y de
los ingleses para Robertito está muy claro. Lo que
dice de la colonia inglesa . . . no está tan claro.
20 — ¡Estos ingleses . . . ! — exclama don Roberto.
— Creo que esta mañana había una manifestación de estudiantes . . . — dice su esposa.
— Papá — pregunta Robertito — ¿y por qué piden
Gibraltar?
25 — Porque deben pedirlo.
— Pero Gibraltar pertenece a los ingleses.
— Eso es una tontería.
— ¿Es una tontería tener Gibraltar? — pregunta
Robertito otra vez.
30 — Para ellos es una tontería. Aunque como punto
estratégico es muy importante.
— ¿Y qué es punto estratégico, papá?
— Bueno, punto estratégico es . . . — y el padre
mira muy sorprendido a Robertito. — Mira, punto

hora del almuerzo lunch time
sentados sitting

a Robertito le llama la atención attracts Robertito's attention

desagradable unpleasant

humillación humiliation
suelo soil

manifestación de estudiantes student demonstration

deben pedirlo they should ask for it

una tontería nonsense

Bueno Well

cuando seas when you are

tanto tiempo so long

sonrisa smile

En otra ocasión Some other time
La política Politics

Dile Tell him

eso es that's what it is

mira fijamente stares

molesto annoyed

a su gusto as much as she likes

Ponte a comer Eat your dinner
decepcionado disappointed

modas fashions
cocina cooking

en realidad really

estratégico... Bueno, cuando seas mayor entenderás todo esto.

— ¿Y voy a tener que esperar tanto tiempo?

Don Roberto mira a su esposa. Ella sonríe, y él con una sonrisa dice al niño: 5

—En otra ocasión te explicaré estas cosas. La política es muy complicada.

— ¿Y qué es política, papá?

— Pues, política... — y su padre, dudando, mira a Merche. 10

Su mujer, sonriendo, sólo dice:

— ¡Bueno! Dile lo que es política. No vas a hacerle esperar hasta que sea mayor.

— Pues política, hijo mío — dice don Roberto con gran autoridad — es... es... eso es. Política. 15

Robertito mira fijamente a su padre, que está algo molesto porque su mujer se ha levantado de la mesa para reírse a su gusto.

— Bueno, pero ¿qué es política? — vuelve a preguntar el chico. 20

— Ponte a comer, Robertito — le dice su padre.

El chico, decepcionado, sigue comiendo. Cuando su madre entra otra vez, es ella la que pregunta:

— Bueno, ¿le has dicho lo que es política?

— No quiere decírmelo — protesta Robertito. 25

— ¿Por qué no se lo dices tú? — dice molesto don Roberto.

— ¿Yo? Eres tú quien debe enseñarle esas cosas. Yo puedo hablar de modas, de cocina, pero nunca de política. 30

— Bueno — dice don Roberto — política es el modo de decir que uno hace una cosa, cuando en realidad está haciendo lo contrario. ¿Entiendes?

— No.

— Te lo explicaré con un ejemplo. Tú estás rompiendo un vaso y viene tu madre y te sorprende. Entonces tú, con buenas razones, le haces 5 creer que aquello no es un vaso y que no lo estás rompiendo. Ella se va tranquila y sin regañarte.

— ¿Y eso es política?

— Pues, sí. Algo así.

— Yo creía que eso era mentir.

10 Los padres se miran asombrados. Don Roberto se calla y su esposa, acariciando a su hijo, le dice:

— Ahora sigue comiendo. ¿No ves como tu hermana no dice una palabra?

Y ahora todo parece estar normal. Pero cuando 15 llega el postre, Robertito, a quien la cuestión de Gibraltar le preocupa aún, exclama:

— Y si Gibraltar es nuestro, ¿por qué lo tienen los ingleses?

— Porque dicen que es suyo.

20 — Pero si está en suelo español, entonces es nuestro, ¿no es verdad?

— Desde luego, como por derecho nos pertenece.

Aquella tarde, don Roberto llega de su trabajo. Mari-Nieves está estudiando y hay paz y tranquili-25 dad en la casa. De pronto Robertito aparece en el jardín con un hermoso buldog sujeto del collar. Con la mano izquierda le ofrece un caramelo que el perro trata de coger. En seguida llega corriendo Miss Woken pidiendo el perro.

30 — Papá, papá — grita Robertito.

— ¿Qué pasa, hijo? — Y ambos padres acuden a la ventana.

— Aquí traigo a Gibraltar.

te sorprende catches you

sin regañarte without scolding you

mentir lying

se miran look at each other
asombrados amazed
se calla keeps quiet
acariciando caressing

postre dessert

le preocupa is worrying him

Desde luego Of course

tranquilidad quiet

sujeto del collar held by the collar

¿Qué pasa . . . ? What's the matter . . . ?

— Gibraltar es mío — grita la inglesa.

—¡Papá! — protesta Robertito —. Dile tú que Gibraltar no pertenece a los ingleses, que como está en suelo español es nuestro.

asombrados amazed

Los padres se miran asombrados.   5

¡Caramba! My goodness!

tiene razón is right

¡Caramba! Después de todo, hay que admitir que Robertito tiene razón.

Adapted from "Gibraltar" by Carlos de Arce.

2
La propina

BALDOMERO LILLO

El joven mira con desesperación al reloj y corre
desde la tienda a su cuarto. El tren sale a las cinco
y sólo tiene unos minutos para prepararse. Con ner-
viosos movimientos, se pone el nuevo frac. Luego
5 se pone el abrigo y el sombrero y en un instante
sale a la calle corriendo. Sólo tiene quince minutos
para llegar a la estación. Al salir a la calle, tiene
la suerte de encontrar un taxi.

— ¡A la estación rápidamente! — grita. — Voy a
10 tomar el tren de las cinco.

El chofer, un hombre grande y fuerte, contesta:

— No será fácil, señor. Ya es muy tarde.

— ¡Una propina de cinco pesos si llegas a tiempo!

La rápida salida del taxi indica que las mágicas
15 palabras han tenido un buen efecto. Luego mete
la mano en el bolsillo del abrigo y saca una invitación escrita en papel muy fino. Lee varias veces
la invitación, en la cual su nombre, Octavio Palomares, está escrito por una mano femenina.

20 Mientras el taxi corre hacia la estación, el impaciente pasajero grita:

— ¡Más rápido, hombre, más rápido!

propina tip

a las cinco at five
o'clock
prepararse get ready

se pone he puts on
frac tail coat
abrigo overcoat

tiene la suerte de he's
lucky to

tren de las cinco five
o'clock train
chofer (taxi) driver

salida departure

pasajero passenger

Más rápido Faster

7

dependiente a clerk

moreno dark

en ser atendidas on being waited on

con gran envidia to the great envy

clientes customers

acompañada de accompanied by

cercano nearby

baile de cumpleaños birthday dance

las atendió waited on them

sonrisas smiles

reverencias bows

no te olvides de don't forget to

coquetona flirtatious

mostrador counter

¡Que suerte! How lucky!

de asistir a of attending

ensayando practicing

espejo mirror

resbalaban slid

Palomares, dependiente de la tienda "La Camelia Roja", es un joven alto, elegante y de rostro moreno. Las señoras siempre insisten en ser atendidas por él, con gran envidia de los otros dependientes. Una tarde entró en la tienda una de las más importantes clientes, la distinguida señora Petronila de los Arroyos, acompañada de su hija Conchita, una linda joven de veinte años de edad. Vivían en un pueblo cercano y habían venido a comprar varios artículos para el espléndido baile de cumpleaños de la joven.

Palomares las atendió con tanta habilidad y con tantas sonrisas y reverencias, que la distinguida señora dijo a su hija:

— Conchita, no te olvides de enviar una invitación al señor Palomares.

La muchacha sonrió, y mirando al joven con una mirada coquetona, contestó:

— No, mamá, no me olvidaré.

Octavio acompañó a las distinguidas señoras hasta el auto que las esperaba y colocó los artículos que habían comprado en el vehículo. Luego muy contento volvió a ocupar su sitio detrás del mostrador. ¡Qué suerte! ¡Tener el honor de asistir a un baile tan aristocrático con personas tan importantes!

Desde aquel día, la arrogancia del dependiente creció mucho. Los otros dependientes, llenos de envidia, lo veían constantemente ensayando sonrisas y reverencias ante un espejo. Al andar, sus pies resbalaban sobre el piso de la tienda ensayando los pasos de los últimos bailes.

Compró un elegante frac para el baile y esperaba

con impaciencia la invitación. Cuando llegaba el
cartero, corría a ver si la había traído. Pero la invitación no llegaba.

* * *

5   Mientras el taxi pasa por las calles del pueblo,
Palomares trata de adivinar cuál de aquellos malditos dependientes había ocultado la invitación
entre las piezas de percal. Él la había encontrado
allí cuando sacaba las piezas para colocarlas sobre el
10 mostrador. "¡Ah, sinvergüenzas", piensa, "ya me la
pagarán esta misma tarde si pierdo el tren!" Y
vuelve a gritar con impaciencia:

— ¡Más rápido, hombre, más rápido!

El taxi llega a la estación en el preciso momento
15 en que sale el tren. Dentro del taxi se oye un grito
de desesperación, pero el chofer dice:

— No se preocupe, señor. Antes de llegar a la
curva lo alcanzaremos.

El taxi corre como un rayo y alcanza al tren
20 cuando sube por la falda de la montaña. De pronto
el chofer detiene el taxi y dice:

— ¡Baje, señor, corra!

Palomares baja del taxi, pero en el instante en
que va a correr hacia el tren, el chofer lo detiene:
25 — ¿Y mi dinero? ¡La propina, señor!

Mientras mete las manos en los bolsillos, Palomares recuerda que ha dejado la cartera en su
cuarto. Pero como no tiene tiempo para explicaciones, se quita el abrigo y lo tira a la cara del
30 asombrado chofer, y sombrero en mano, corre
como un rayo tras el tren.

---

cartero mailman

adivinar guess
malditos darn

piezas bolts

sinvergüenzas scoundrels
ya me la pagarán I'll get even with you
si pierdo el tren if I miss the train
Más rápido Faster

No se preocupe Don't worry
lo alcanzaremos we'll catch up with it
como un rayo like a flash
sube por is going up
falda de la montaña mountainside
chofer (taxi) driver

cartera wallet
explicaciones explanations
se quita he takes off

El tren sube despacio por la falda de la montaña.   **despacio** slowly

Los pasajeros han salido a la plataforma del último   **pasajeros** passengers

coche. Aquella escena parece divertirlos muchí-

simo y Palomares oye sus risas y voces animándolo   **risas** laughter

5 en su carrera:

   — ¡Corra, corra! ¡Cuidado, que lo alcanza!   **Cuidado** Watch out **que lo alcanza** he's catching up with you

No comprende esta última frase hasta que, de

pronto, se siente sujeto por las colas del frac,   **sujeto** held **colas del frac** coat tails

mientras una furiosa voz grita a su espalda:

10   — ¡La propina, señor!

Se detiene un instante y con su fuerte puño   **puño** fist

golpea el rostro del insistente chofer y lo tira al   **golpea** hits

suelo. Vuelve a correr y gana la distancia perdida.

Entre las caras que le miran del último coche del

15 tren, Palomares ve una bella joven de ojos azules

que ríe alegremente y cuya dulce voz lo anima

a hacer un mayor esfuerzo.

Pero mientras escucha gritos y risas, otra vez el

dependiente se siente sujeto por las colas del frac.

20 Furioso, ataca de nuevo al chofer. Su puño golpea

varias veces el rostro del chofer y vuelve a tirarlo al

suelo. Y continúa su carrera con el tren.

Sus fuertes piernas lo llevan como el viento. Al   **piernas** legs

llegar cerca de la curva, el tren marcha más des-   **más despacio** slower

25 pacio. Tres minutos más, sin embargo, y descen-

derá rápidamente por la falda de la montaña.

"¡Ahora o nunca!" piensa Palomares, y hace un

esfuerzo supremo. Del último coche se oyen las

voces que lo animan, entre ellas la dulce voz de la

30 señorita que exclama aplaudiendo:

   — ¡Hurra, hurra!

El joven redobla sus esfuerzos. Muy cerca se

oyen los gritos del chofer. Entonces Palomares extiende sus brazos y uno de los pasajeros lo coge por las manos para levantarlo. Pero debe de estar sujeto otra vez por la cola del frac, pues parece que una fuerza irresistible va a arrancarlo del coche. Y otra ⁵ vez se oye:

— ¡La propina! ¡La propina!

Y mientras sujetan a Palomares, se oyen los gritos de los pasajeros:

— ¡Suéltalo! ¡Dale un puntapié! ₁₀

Entonces Palomares comprende lo que sucede y de un fuerte puntapié al fin se libra del chofer.

Mientras lo levantan en triunfo a la plataforma, Palomares distingue al furioso chofer agitando algo semejante a dos negras banderas. Del elegante frac ₁₅ sólo queda algo tan corto que parece una chaquetilla de torero.

Uno de los pasajeros lo toma por el brazo y lo lleva a un departamento del coche. En la puerta hay un letrero que dice: "Mr. Duncan e Hija". ₂₀ Al entrar en el departamento, Palomares se sorprende al ver a la señorita de los "hurras", que ríe con aquella risa que al dependiente le parece una música melodiosa. Con su pelo de oro, bajo un sombrerito azul, le parece la criatura más hermosa ₂₅ del mundo. Al mirarla, se olvida del frac, de la fiesta de doña Petronila y de Conchita.

Mr. Duncan está lleno de alegría. Al fin ha desaparecido aquella melancolía de que sufría su hija y que los viajes y toda clase de cuidados no habían ₃₀ podido curar. El hombre que ha realizado tal milagro le parece un héroe enviado del cielo. En el

---

extiende stretches out

debe de he must

arrancarlo pull him off

sujetan they are holding

Suéltalo Let go of him
puntapié kick

triunfo triumph

agitando waving

banderas flags

chaquetilla de torero
  bullfighter's jacket

departamento compartment
letrero sign

de oro golden

melancolía depression

realizado performed
milagro miracle

arrogante atleta de puños fuertes que alcanza los
trenes corriendo, ve al superhombre ideal.

El tren pasa como un rayo por los campos, y
aunque se detiene en el pueblo donde vive la aris-
5 tocrática doña Petronila de los Arroyos, ningún
pasajero baja del último coche.

Al día siguiente, reciben en "La Camelia Roja"   **Al día siguiente** The next
un telegrama que causa la mayor sensación en el   day
10 pueblo. El telegrama dice: "Hoy me embarco en   **me embarco** I'm sailing
el *Colombia* para dar una vuelta por el mundo.   **dar una vuelta por** take
Recuerdos a todos. Palomares".   a trip around
                                                     Recuerdos Regards

Adapted from "La propina" by Baldomero Lillo.

3

El último censo

CONRADO NALÉ ROXLO

Una casita cerca del pueblo. Delante de la casita ladra un perro chico. Detrás del perro aparece una señora, ni joven ni vieja. Yo la saludo:

— Buenas tardes, señora. Vengo a hacer el censo.

— ¿El censo? ¡Qué sorpresa! Entre, joven, entre.
Mis hijas no están en casa. ¡Qué lástima!... ¡Les
gustan tanto!

   —¿Los censos, señora?

5   — En general, caballero, las visitas de personas
cultas.

    — Muchas gracias, señora. ¿Han llenado ustedes
la planilla?

    — ¿Qué planilla? Ah, sí, ¡el documento!... No
10 comprendía. ¡Como todos los días dejan tantos
papeles anunciando medicinas, y tantas cosas!...

en casa at home
Les gustan tanto They like them so much

cultas cultured

Muchas gracias Thank you very much
planilla (census) form

Si una comprara If you
    bought
todo lo que everything
    that

el tiempo vuela time
    flies
¿Quiere darme . . . ?
    Will you give me . . . ?

volcó upset
tintero ink bottle
¿No? Isn't it?

jefe head

cometió un error made
    a mistake
curandero medicine man

obedecerlo to obey him

inquilino roomer

debe de must
aburrido bored

Si una comprara todo lo que anuncian, no tendría
tiempo para nada. ¿No es verdad?

— Sí, señora, el tiempo vuela. ¿Quiere darme
la planilla?

— ¡Ah, la planilla! Usted me perdonará, pero 5
cuando íbamos a llenarla, mi sobrino, que es un
terror, volcó el tintero sobre la planilla. ¡Qué lástima! ¿No?

— No es nada, señora; aquí tengo otra planilla
y mi pluma. ¿Quién es el jefe de la familia?   10

— Mi esposo.

— ¿Cómo se llama su esposo?

— Se llamaba, joven, se llamaba, porque ya ha
muerto. Tenía tan buena salud como usted y como
yo, pero el médico cometió un error, y cuando 15
llamamos al curandero, ya era demasiado tarde.

— ¡Qué lástima, señora! Pero, ¿quién es ahora
el jefe de la familia?

— Todavía es mi esposo, porque cuando murió,
yo le prometí siempre obedecerlo.   20

— Permítame, señora, ¿quiénes viven en la casa?

— Nosotras, desde luego. Hasta el año pasado
teníamos aquí un italiano, el único inquilino. Pero
usted sabe cómo son los italianos, comenzó a enamorar a Nélida, la mayor de mis hijas, y ella lo 25
puso en su sitio. Yo le dije: "Muy bien hecho,
hija". Pero usted debe de estar aburrido. ¿No
quiere escuchar la radio?

— ¡No, no señora! Dígame, ¿quiénes viven en la
casa?   30

— Desde que se fue el italiano, vivimos nosotras
solas.

— Luego, ¿usted vive aquí con sus hijas?

— Temporalmente, caballero, temporalmente.   **temporalmente** temporarily
Yo siempre les digo a mis hijas que debíamos irnos   **debíamos** we ought to
a un apartamento con calefacción y agua caliente.   **calefacción** central heating
¿No cree usted que sería mejor?   **caliente** hot

5   — Tal vez, señora ...

— Desde luego, usted dice eso porque no quiere   **Desde luego** Of course
contrariar a mi hija Noemí, que como su novio vive   **contrariar** to contradict
cerca de aquí, no quiere irse. Es un buen mu-
chacho, pero sin ningún porvenir.   **porvenir** future

10   — Señora: ¿no puede usted responder a mis pre-
guntas en forma más concreta?   **en forma más concreta** more specifically

— ¡Pero yo no le oculto nada!

— Bien; ¿cómo se llama usted?   **Bien** Fine

— Casilda Ortigosa de Salvatierra; Salvatierra por
15 mi esposo, que se llamaba Hipólito Salvatierra. Fue
chofer del Presidente Hipólito Irigoyen, que lo   **chofer** chauffeur
llamaba su tocayo. ¡El Presidente era tan sencillo!   **tocayo** namesake
¿Usted lo conoció?

— No, señora, pues mi edad ...

20   — Naturalmente, ¡usted es tan joven! Soltero,   **Soltero** A bachelor
¿no?   **¿no?** aren't you?

— No, señora, casado.

— ¡No lo creo! ¡Cómo puede ser casado, con esa   **esa cara tan alegre** such a cheerful face
cara tan alegre y tan bien vestido! Pero segura-
25 mente no tiene hijos.

— Tengo cinco.

— ¿Quíntuples?

— No, señora, uno por vez.   **uno por vez** one at a time

— ¿Vio usted las quíntuples Dionne en el cine?   **cine** movies
30 Nos gusta mucho el cine: es una diversión alta-   **diversión** pastime
mente moral. Los *picnics* también nos gustan ...
Y usted, ¿cuánto gana, me permite preguntar?   **¿me permite ...?** may I ...?

— Señora, yo soy el que tiene que hacer el censo.   **hacer el censo** take the census

— Lo siento si lo he ofendido. Yo no soy curiosa, pero como usted hace tantas preguntas, creí que yo también podría hacer una.

— Usted no me ofende, señora, pero de esta ma-
5 nera nunca vamos a terminar.

—Comprendo, y desde luego, usted quiere regresar a su casa a ver a su esposa e hijos ...

— Naturalmente, señora. Y ahora, ¿quiere decirme su edad?

10 — ¡Pero desde luego! ¿Cuántos años cree que tengo?

— Señora, no soy adivino.

— Quiero ver si acierta, porque todos dicen que no represento la edad que tengo.

15 — Señora, dígame el día, el mes y el año en que nació.

— Nací el día de Santa Casilda, por eso me lla-
maron Casilda, aunque mi mamá quería llamarme Dosia, como la heroína de una novela, y mi papá,
20 que era masón, Luz de Oriente. ¿Usted no es masón?

— ¡Lo que yo soy es un infeliz hombre que tiene que ganarse la vida! ¡Pero voy a renunciar mi empleo ahora mismo aunque mi mujer y mis hijos
25 se mueran de hambre!

Y salí corriendo, seguido por el perro y la voz de doña Casilda que exclamaba:

— ¡Pero qué le habrá pasado!

Adapted from "Por qué muchas personas no figuran en el último censo" by Conrado Nalé Roxlo.

Glosses (right margin):

Lo siento I'm sorry

hace tantas preguntas ask so many questions

regresar to return

¿quiere decirme ...? will you tell me ...?

¿Cuántos años cree que tengo? How old do you think I am?

adivino fortune teller

no represento la edad que tengo I don't look my age

me llamaron they named me

Luz de Oriente Eastern Star

ganarse la vida earn a living
renunciar resign
empleo job
ahora mismo right now
se mueran de hambre starve to death

qué le habrá pasado I wonder what's the matter with him

4

Papá y mamá

EDUARDO BARRIOS

primeras horas early
hours

sentada sitting

En las primeras horas de la noche, en la paz de
una calle de modestas casas. En una de las casas
se abre la ventana y se ve a la joven esposa sentada
sola en la salita.

¿Qué piensa la esposa todas las noches a esa hora, 5
cuando el marido, después de comer, sale? ¿Qué
piensa todas las noches, sentada a la ventana, mientras los niños juegan en la acera? ¿Sueña? ¿O simplemente escucha el reloj que en el silencio de la
noche da las horas? 10

acera sidewalk
¿Sueña? Is she
dreaming?

da las horas strikes the
hours

La noche está tranquila. El cielo, claro; y la
luna, muy blanca, como en los viejos cuadros de
romanticismo y de amor.

Dos niños juegan en la acera: Ramoncito y Juanita. Un nene que aún no anda, sentado cerca de la 15
puerta de la calle, escucha y mira con ojos curiosos.
Ramoncito es un niño muy vivo, y está en constante movimiento. Juanita es menor que su hermano.

nene baby

menor younger

20

Los niños juegan a la gente grande.

RAMONCITO *(deteniéndose delante de su hermana, con las manos en los bolsillos).* — ¿A qué vamos a jugar ahora?

JUANITA. — Pues, ¿quieres jugar a la casa?   5

RAMONCITO. — Sí.

JUANITA *(con gran entusiasmo).* — ¿Quieres jugar al papá y a la mamá? Yo soy la mamá . . .

RAMONCITO *(improvisando un bastón con una ramita que recoge del suelo).* — Yo soy el papá. 10 Llego del trabajo, a comer, pidiendo la comida apurado, porque tengo que salir. ¿Te gusta la idea?

JUANITA. — Espléndida.

RAMONCITO *(acercándose, bastón en mano, con largos y duros pasos).* — ¿Está lista la comida, 15 Juana . . . ? Pronto, pues tengo que salir.

JUANITA. — Voy a ver, Ramón, voy a ver . . . Esta criada es tan despaciosa . . . *(Pregunta a su fingida criada).* ¿Le falta mucho, Sabina? ¿Sí . . . ?

(El chico levanta los brazos, furioso.)   20

RAMONCITO. — ¡Qué! ¿No está lista todavía la comida?

JUANITA. — Paciencia, Ramón. Sabina, déme los huevos . . . ¡Pronto!

RAMONCITO. — Trabajo como un perro todo el 25 día y cuando llego a casa, no encuentro ni siquiera la comida lista.

JUANITA *(riendo).* — Muy bien, muy bien.

RAMONCITO. — No debes hablar de otra cosa. Ahora eres la mamá y nada más. *(Otra vez el ma-* 30 *rido.)* ¿Qué hacen dos mujeres el día entero, pregunto yo?

JUANITA. — Cuidando los niños, Ramón, lavando, y . . .

Marginal glosses:

juegan a la gente grande *are playing grown-ups*

¿A qué vamos a jugar . . . ? *What shall we play . . . ?*

bastón *cane*

ramita *little branch*

apurado *in a hurry*

lista *ready*

despaciosa *slow*
fingida *make-believe*
¿Le falta mucho? *Will it take you much longer?*

huevos *eggs*

a casa *home*
ni siquiera *not even*

otra cosa *anything else*

nada más *nothing else*

RAMONCITO. — No es verdad. No hacen nada . . .

JUANITA. — ¡Dame tu santa paciencia, Dios mío . . . !

RAMONCITO. — Paciencia, ¿eh? Estoy apurado . . . **apurado** in a hurry
5 apurado, ¿oyes? ¡Ah! Esto no puede seguir así.

JUANITA. — Y los niños, ¿quién los baña, quién **baña** bathes
los viste, quién . . . ?

RAMONCITO. — ¡Siempre las mismas excusas!

JUANITA. — Pero . . . ¡Ay, se me queman los fri- **se me queman los fri-**
10 joles . . . ! Con estos niños y con esta criada que es **joles** my beans are burning
tan despaciosa . . . **despaciosa** slow

RAMONCITO (furioso). — Si la criada es despaciosa,
debes cambiarla por otra. ¡Caramba! **¡Caramba!** My goodness!

JUANITA. — Cuidado, Ramón, ahora es muy di- **Cuidado** Watch out
15 fícil encontrar criadas.

RAMONCITO. — Podrías aprender de mi madre. **Podrías aprender** You could learn

(Como Juanita se calla, sin responder, el chico la **se calla** keeps quiet
ayuda.)

RAMONCITO. — Tú también debes estar enojada. **enojada** angry
20 Tienes que decir: "Tu madre debe de ser una
maravilla; pero yo . . . no sirvo para nada". **maravilla** wonder
yo no sirvo para nada I'm good for nothing
(La chica se echa a reír.) **se echa a reír** bursts out laughing

JUANITA. — ¡Es verdad! No recordaba.

RAMONCITO. — Tienes que decirlo. No sabes ju-
25 gar.

JUANITA. — Tu madre debe de ser una maravilla . . .

RAMONCITO (furioso, sin dejarla concluir). —
¿Qué dices?

30 JUANITA (a la fingida criada). — Déme ese plato, **fingida** make-believe
Sabina.

RAMONCITO. — No, no. Ahora tú debes contes-
tarme: "¡Qué genio! Debes de estar enfermo otra
vez. Debes tomar alguna medicina . . . " No sabes
jugar.

JUANITA. — Espera. Ahora verás... ¡Qué genio! Debes de estar enfermo otra vez...

RAMONCITO *(más enojado)*. — ¡Enfermo, enfermo...! Siempre la culpa tiene que ser mía. ¡Ah, "cásense, cásense!" Eso es lo que les digo a mis 5 amigos: "Cásense y verán..."

JUANITA. — Olvidas una cosa: "¡Ah, si yo tuviera la suerte de enviudar!" Y entonces yo te contesto: "No tendrás ese gusto."

(Pero la lección no le gusta al hombrecito y le- 10 *vantando el bastón, grita.)*

RAMONCITO. — ¡¡¡Calla!!!

JUANITA. — Tengo que ver el asado. Sabina, ábrame el horno...

RAMONCITO. — ¡Ay, ay, ay! ¡Qué vida...! En la 15 oficina, tengo que soportar al jefe; en el tranvía, a las viejas que van todos los días a la iglesia, sólo para hacer viajar de pie a los hombres que van al

Siempre la culpa tiene que ser mía I'm always to blame
cásense get married

si yo tuviera la suerte de enviudar if I only were lucky enough to become a widower

lección lesson
hombrecito little man
bastón cane

¡Calla! Shut up!

asado roast
ábrame el horno open the oven for me

oficina office
soportar put up with
jefe boss
tranvía streetcar

viajar de pie ride standing up

trabajo ... o a las señoritas, que van a gastar en
las tiendas el dinero que ganan los padres con su
duro trabajo. Y vuelvo a casa, y encuentro que mi   **a casa** home
esposa no ha hecho nada ...

5   JUANITA. — ¡Ah, si tuvieras la suerte de enviudar ...!

RAMONCITO. — ¡Calla, he dicho!
(Y levanta el bastón sobre la cabeza de la niña.)
JUANITA. — Mira, Ramoncito, no debes pegarme
10 de veras.   **de veras** really

RAMONCITO. — ¡Silencio! ¡¡¡Silencio!!! Estoy ya   **ya cansado** tired of it
cansado, loco ... ¡Loco ...!
(Da contra la puerta de la calle.)   **Da contra** He strikes
JUANITA *(realmente asustada).* — Cuidado, Ra-   **Cuidado** Careful
15 moncito ...

RAMONCITO. — ¡Calla! ¡Pronto, la comida!
El bastón da contra la puerta varias veces. El
chico sigue gritando. De pronto mira a la fingida
esposa y levanta el bastón sobre la cabeza de la
20 niña. Juanita primero sonríe tímidamente, pero
luego lo mira asustada. El nene, también asustado,   **nene** baby
se echa a llorar; y entonces Juanita, recordando de   **se echa a llorar** starts
pronto algo que pueda salvarla, coge al nene en   to cry
                                                                  que pueda salvarla that
sus brazos, y exclama con gran dignidad: might save her
25   JUANITA. — ¡Ramón, respeta a tu hijo!

Adapted from "Papá y mamá" by Eduardo Barrios.

5

Justicia salomónica

ROBERTO PAYRÓ

Bermúdez y su esposa Cenobita están en el co-
medor, sentados a la mesa al lado de la ventana.
El gato duerme en el suelo.

Es la hora del almuerzo. Cenobita le sirve la
sopa a Bermúdez, quien al probarla, protesta: 5

— Esta sopa está fría.

— ¿Qué dices? ¡Cómo puede estar fría cuando el
cucharón me quema los dedos! — dice Cenobita,
furiosa.

— ¡Bah! ¡Te digo que está fría!   10

— Y yo te digo que no puede estar fría, ¿entiendes?

— Pero tú no la has probado y yo acabo de probarla. ¡Qué sabes tú!

— ¿Qué sé yo? ¡Atrévete a repetirlo!   15

— Sí, repetiré que está fría, que está . . .

Pero Cenobita no lo deja concluir:

— Pues si está fría, refréscate . . .

Y le vacía la sopera en la cabeza. La sopera cae
al suelo rompiéndose en pedazos. Uno de los pe-   20
dazos cae encima del gato, que salta por la ventana

26

a la calle, en el mismo instante en que Salustiano
Gancedo pasa por la acera.

El gato cae encima de Gancedo, y después de
arañarle la cara, salta al suelo y se escapa como un
5 rayo.

arañarle la cara scratching his face

Gancedo comienza a gritar insultos contra Bermúdez, que está todo cubierto de sopa. Bermúdez
contesta con otros insultos, y Gancedo, furioso, le
grita a Bermúdez:

cubierto de covered with

10 — ¡Sal afuera, cobarde!

Sal afuera Come outside
cobarde coward

Cenobita, después de insultar a su marido, lo
empuja a la calle.

empuja shoves

sale mal en gets the worst of
pelea fight

paliza beating

policía policeman

apartar keep back

¡Ya me la pagará! I'll get even with you!
al juzgado to court

juez de paz Justice of the Peace
daños y perjuicios damages

juez judge

desarmado unarmed

peleen por should fight about
de paz peaceful

Bermúdez sale mal en la pelea, porque Gancedo, que siempre lleva un bastón — para defenderse de los perros, dice — le da una buena paliza.

El policía Fernández, que pasa por allí, sin mucho deseo de intervenir, trata de apartar a la gente que llega a ver la pelea.

— ¡Mírenlo qué cobarde! — grita Cenobita para animar a su marido.

Bermúdez grita aun más fuerte que su mujer.

— ¡Ya me la pagará! ¡Ya me la pagará! — repite, entrando en su casa. — ¡Lo llevaré al juzgado!

El policía Fernández acompaña a Gancedo, cuya cara está cubierta de sangre.

El caso va directamente al juez de paz. Bermúdez pide daños y perjuicios, porque Gancedo lo había atacado en su propia casa (no dice en la calle, como es la verdad), insultándolo a él y a su esposa.

Buscando una reconciliación, el juez, don Pedro Machado, llama a los dos. Pero están demasiado enojados. Gancedo acusa a Bermúdez de haberle tirado el gato encima con la intención de desfigurarle la cara, cuando pasaba tranquilamente por la calle.

Bermúdez protesta que si el gato saltó encima de Gancedo fue porque se había asustado, y que él no era responsable. Añade que Gancedo es un cobarde, que había aprovechado el momento en que él estaba solo y desarmado, en compañía de una débil mujer . . .

— Es una lástima — dice el juez — que hombres tan respetables como ustedes peleen por cosas tan insignificantes. Prueben que son gente de paz y olviden el asunto.

Pero los dos están demasiado enojados para hacer las paces. Al fin don Pedro, cansado del asunto, dice:

— Si son tan obstinados, tendremos que llevarlos al juzgado. Están ustedes citados para el martes — ¿oye, secretario?

— Sí, señor — contesta Villar, secretario del juzgado, tomando nota.

— Y pueden traer sus testigos.

El martes llegan los dos ante el juzgado con varios testigos. Don Pedro comienza a interrogarlos uno por uno:

— Usted, señor, ¿vio bien lo que sucedió?

— No, señor juez: no vi bien, porque no estaba allí, pero dicen ...

— Si no sabe nada, ¿por qué está aquí?

Y a otro:

— Y usted, señor, ¿vio o no vio la pelea?

— Yo no la vi, don Pedro; yo estaba ...

— Pues usted no tiene nada que hacer aquí.

Y así los excusa a todos. Al fin sólo quedan el policía Fernández y Cenobita. ¡Sí! ¿No les había dicho? Bermúdez había llevado a Cenobita como testigo.

El juez dice a Cenobita:

— ¿Y cómo está, señora? ¿Qué la trae al juzgado?

— Vengo como testigo de mi marido ...

— ¿Como testigo, señora? ¿Y desde cuándo pueden ser las mujeres testigos de sus maridos ...? No, señora, usted no puede ser testigo ... Como un gran favor, la dejaremos asistir al juicio, pero con la boca cerrada.

Margin glosses:

hacer las paces make up

cansado tired

citados summoned

testigos witnesses

señor juez Your Honor

asistir a attend
juicio trial

Cenobita, furiosa, se va, pero con un gran deseo

de volverse gato para hacer al juez lo mismo que el gato había hecho a Gancedo.

Y entonces, más tranquilo, don Pedro escucha la

declaración del policía Fernández.   5

— Pues, señor juez — comienza a decir Fernández — cuando iba por la calle a la hora del almuerzo, al acercarme a la casa del señor Bermúdez aquí pre-

sente, oí gritos de mujer, y ruido de hombres peleando, y en seguida corrí, sacando la pistola; y   10 entonces pude ver que dos hombres peleaban furiosamente... Y vi que el señor Bermúdez había cogido al señor Gancedo por el cuello golpeándole la cara con el puño, mientras el señor Gancedo le

daba una paliza al señor Bermúdez con el bastón.   15 Y entonces, yo, señor juez, sin pensar en mi propio peligro, los separé... Vi que la camisa del

señor Bermúdez estaba hecha tiras... Y entonces ... los dejé irse, porque son hombres respetables y amigos de don Barrabás, el alcalde...

Don Pedro, mirando a todos los presentes, dice firmemente:

— Ahora voy a decidir el caso según mi ciencia y conciencia. Tome nota, secretario...

Y el juez los sentencia con más autoridad que el   25 mismo Salomón:

— Al demandado, don Salustiano Gancedo, lo sentencio a cien pesos de multa, por haber atacado a un vecino pacífico.

— ¡Qué dice! — grita Gancedo, furioso. — ¿Cree   30 usted que yo...?

— Silencio — grita el juez — porque si no, lo man-

daré a la cárcel por un año en vez de los cien

pesos de multa. Secretario, lea la ley, donde la
tengo marcada.

— "Artículo veintiuno": — lee Villar. "... La
sentencia no debe exceder de quinientos pesos de
5 multa o un año de prisión". **exceder de** exceed

— ¿Ha visto, amigo, que tengo suficiente autori-
dad para sentenciarlo a mucho más que una mul- **multita** small fine
tita?

Y mirando a Bermúdez, continúa:

10 — Al demandante, don José Bermúdez, por tener **demandante** plaintiff
en el pueblo animales bravos sueltos, cien pesos **bravos** vicious
de multa. **sueltos** loose

— ¡Qué injusto! ¡Apelaré! — grita Bermúdez, fu- **¡Apelaré!** I'll appeal!
rioso.

15 — ¡Qué clase de justicia es ésa! ¡Apelaré! — añade el otro.

— ¡Pero qué estúpidos son! ¿No les dije que hi- **que hiciesen las paces**
ciesen las paces? Ahora, si quieren, pueden apelar to make up
a la capital. La gente se reirá de ustedes, y tendrán **se reirá de ustedes** will
20 que gastar mucho dinero ... Allá la justicia cuesta laugh at you
mucho más que aquí y no es tan liberal como en
este pueblo.

Bermúdez y Gancedo no han apelado. Dicen que
no quieren tener dificultades. Pero siempre están
25 armados y cualquier día puede suceder algo ... Sin
embargo, antes de salir a la calle, miran a ver dónde
está el otro ... y nunca se encuentran. **nunca se encuentran**
they never run into
each other

Adapted from "Justicia salomónica" by Roberto Payró.

6

Mi doble y yo

FRANCISCO RUIZ DE LA CUESTA

Aunque parezca mentira Believe it or not

igual a mí like me
ahora mismo right now
está divirtiéndose is having a good time

canciones songs

de memoria by heart

soportar put up with
vecino neighbor

artista de cine movie actor
Desde que Ever since

bailaba danced

zapateados tap dances

película movie

Aunque parezca mentira, aquí donde me hallo, sentado a mi mesa de trabajo, con tantos papeles delante de mí, tengo un doble, un hombre exactamente igual a mí, que seguramente ahora mismo está divirtiéndose en algún sitio elegante de Holly- 5 wood. Y yo aquí viviendo en la misma monotonía día tras día y mes tras mes, escuchando las mismas canciones de la muchacha del segundo piso, que he oído tantas veces que ya las sé de memoria; y te- niendo que soportar al vecino que me da un con- 10 cierto con su flauta cada hora.

Sí, ésta es mi vida. Y sí, señor, ahora mismo un hombre con la cara exactamente igual a la mía pro- bablemente está divirtiéndose en aquella fabulosa ciudad. Es artista de cine. Nació en los Estados 15 Unidos, en Little Rock, estado de Arkansas. Desde que era muy joven le gustó el teatro. Cuando tenía catorce años ya bailaba maravillosamente todos esos zapateados que se bailan en los Estados Unidos y a los veinte años de edad trabajaba en el cine con 20 una artista hermosísima en una película musical.

32

Y si alguien lo ve en una de esas películas, y al día
siguiente me ve a mí buscando en el bolsillo una
peseta para comprar unos churros en el puesto de
la esquina, diría:

5 — Míralo, comprando una peseta de churros, y
sin embargo es un famoso artista de cine, y las mujeres están locas por él.

¡ Si así fuera! Pero la verdad es que nadie se fija
en mí. Un día fui a ver una película de mi doble;
10 pero nadie me miró, ni la señorita sentada a mi
lado, ni la mamá con su hijita que estaba delante;
nadie. Sólo el portero, cuando yo salía, me dijo:

— ¿Sabe usted, señor, que tiene la misma cara
que el protagonista de la película? Lo único que
15 le falta a usted es bailar algunos zapateados, y es
usted, él en persona. Con esa cara yo haría una
fortuna . . .

al día siguiente the
next day

churros crullers
puesto de la esquina
corner stand

una peseta de a peseta's
worth of

están locas por él are
crazy about him
¡Si así fuera! If only it
were so!
se fija en mí notices me

portero doorman

protagonista hero

zapateados tap dances

salí del teatro left the theater

taza cup

Por fin Finally

me acosté I went to bed

Antes del amanecer Before dawn
cuento (short) story

presentar a to enter in
concurso contest
cercano nearby

Tomé el desayuno I had breakfast

agradable pleasant

ir a pie to walk

soldado soldier
maleta suitcase
silbaba he was whistling

canción song

hacía el papel played the part

Vamos a Let's

Eso fue lo que me dijo. Yo salí del teatro y como estaba lloviendo un poco, entré en un restaurante y pedí una taza de café. Estuve un largo rato sentado a la mesa pensando en las palabras del portero. Por fin salí de allí; ya no llovía. Llegué a casa y 5 después de comer me acosté muy pronto.

Antes del amanecer ya estaba en mi mesa de trabajo tratando de terminar mi último cuento que quería presentar a un importante concurso. Aquel día tenía que ir a un pueblo cercano para 10 conseguir algunas impresiones visuales, pues quería terminar mi cuento con la muerte del protagonista en ese pueblo. Tomé el desayuno en la estación y a las ocho estaba sentado en un coche del tren, listo para mi viaje. 15

La primera impresión del pueblo fue muy agradable. Cuatro señoritas, muy lindas, paseaban a aquella hora por la calle que va de la estación a la plaza principal. Estaban alegres y reían mucho. Decidí ir a pie también para poder observar bien 20 el pueblo. Un soldado, con la maleta en la mano, me seguía detrás. Parecía que estaba alegre y silbaba una canción popular.

Yo pasé junto a las cuatro muchachas. Llevaban lindos trajes de percal. Una de las cuatro me miró 25 sorprendida y empezó a decir a sus amigas:

— Niñas, mírenlo bien. ¿No lo conocen? Es el que hacía el papel de Frank en la película de ayer. Sí, no hay duda que es él: la misma cara, la misma manera de andar ... Vamos a llamarlo. 30

— ¿Pero qué hace en este pueblo?

— Probablemente van a hacer alguna película aquí. ¿No ven cómo va observándolo todo?

Entonces pensé que no sería una mala idea fingir ser el famoso artista de cine; allí nadie me conocía. Fingiría que no entendía ni hablaba bien el español. Sabía de memoria la historia de mi doble; la había leído más de veinte veces. El motivo de mi visita a aquel pueblo era muy fác'l de explicar: me gustaba viajar y ver todos los pequeños pueblos de los países que visitaba. No tuve más tiempo para pensar, pues una de las cuatro muchachas ya se acercaba a mí.

— Perdón, señor, pero ¿no es usted Robert Gardner, el artista de cine?

Ya me rodeaban las cuatro muchachitas. ¡Y qué muchachitas! ¡Qué manera de sonreír y de mirar con sus lindos ojos!

— Exactamente, señoritas; yo soy él — contesté con acento inglés.

La alegría de las muchachas fue enorme; me miraron con ojos curiosos, y una de las cuatro comentó:

— Habla el español muy bien. ¿Dónde lo aprendió usted?

— Pues yo *aprender* el español allá en los Estados Unidos, y también en mis viajes a este país. Me gusta mucho España.

Seguían mirándome sin perder una sola palabra mía. Al saber el motivo de mi visita, ofrecieron enseñarme el pueblo.

Antes de llegar al mejor hotel, la mitad del pueblo, especialmente el mundo femenino, sabía de mi llegada. ¡Qué curiosa es la vida! ¿Qué diferencia había entre ese artista de cine y yo? Físicamente, los dos somos iguales. Sólo que él nació en los Esta-

fingir to pretend

de memoria by heart

viajar to travel

me rodeaban were surrounding me

sin perder without missing

llegada arrival

pantallas screens

la de that of
rayos X X-rays

alcalde mayor
que tomara parte to
  take part
función show

a beneficio for the
  benefit

al estilo americano
  American-style

me dolía was hurting

que descubrieran they
  might find out
salir del pueblo to leave
  the town
Querían que les repitiera
  They wanted me to re-
  peat for them

si yo no . . . I really
  don't . . .
comadres del pueblo
  town gossips

humilde modest

revista magazine
publicaba published

dos Unidos y aparece en todas las pantallas de cine, y yo nací en mi pueblo de España y no he aparecido en ninguna pantalla, con la posible excepción de la de rayos X cuando me examina el doctor.

Me estaba gustando la idea de fingir que era 5 artista de cine y ser tan admirado por el sexo débil. Recorrí el pueblo con mis cuatro amiguitas acompañadas de siete amigas más. Aquello parecía una procesión; los chicos del pueblo nos seguían delante y detrás. A la hora del almuerzo recibí en el hotel 10 la visita de la señora del alcalde, que me pidió que tomara parte en una función que iban a celebrar aquella tarde en el Teatro Principal, a beneficio de los pobres. Lo acepté con gusto.

Ya tenía preparado lo que iba a hacer. Primero, 15 algunas palabras en español, con acento inglés, después bailar algunos zapateados que había aprendido.

El teatro estaba completamente lleno y les gustó mucho el zapateado al estilo americano. Me aplau- 20 dieron muchísimo y aquella noche dieron un gran banquete en el pueblo en mi honor. La mano me dolía de escribir tantos autógrafos.

El entusiasmo llegó a tal extremo que temí que descubrieran la verdad y decidí salir del pueblo 25 aquella misma noche. Querían que les repitiera el baile de mi última película, pero yo contestaba:

— Pero si yo no . . .

Y las comadres del pueblo por primera vez hablaban bien de un hombre, diciendo: 30

— ¡Qué humilde es ese artista! ¡Qué hombre!

Pero ocurrió lo que yo nunca podía imaginar; una revista americana que llegó aquel día publi-

caba varias fotos del famoso artista, que se casaba
por tercera vez con una millonaria de San Francisco.

por tercera vez for the third time
ruina downfall

Aquello fue mi ruina; desde el perro de la estación
hasta la última comadre del pueblo me gritaron los
5 peores insultos por haberlos engañado. La policía
iba a intervenir, pero en el instante más difícil,
como en las películas, llegaron a la estación la señora del alcalde y el cura para darme las gracias,

darme las gracias thank me
a pesar de in spite of

pues a pesar de todo yo había sido el que más pe-
10 setas había recogido para los pobres.

Y triste y pensativo partí del pueblo. En frente

pensativo thoughtful

de mí, con su vieja maleta, estaba sentado el soldado. Cuando salió el tren, me miró fijamente y

maleta suitcase
soldado soldier
me miró fijamente he stared at me
a lo lejos in the distance

sonrió. No le dije nada. Miré a lo lejos la silueta
15 del bonito pueblo.

No pude evitarlo: miré al soldado y me eché a

me eché a reír I burst out laughing

reír recordando cómo los había engañado. Él se
echó a reír tan fuerte como yo, y una señora que
estaba sentada detrás de nosotros observó:
20 — Si no están locos, no les falta mucho.

El soldado, extendiéndome la mano, me dijo:

extendiéndome la mano offering me his hand

— Me llamo Napoleón Bonaparte. Usted es Robert Gardner, ¿no es verdad?
— Tanto gusto — le dije, riendo aún.

Tanto gusto Pleased to meet you

25 Y aquella noche, sentado a mi mesa de trabajo,
con las canciones monótonas de la muchacha del
segundo piso, empezaba a escribir un nuevo cuento.

Adapted from "Mi doble y yo" by Francisco Ruiz de la Cuesta.

7

Un mal negocio

B. TRAVEN

Mi casita estaba cerca de Ixcamilpa, México, un
pueblo de indios, todos honrados y buenos vecinos.
Mi perra, una terrier, había tenido tres perritos
seis semanas antes del día en que Crescencio, un
5 indio del pueblo, vino a visitarme. Habló de varias
cosas sin importancia, pero yo pude ver que algún
negocio lo había traído a mi casa.

Estábamos sentados a la puerta de mi casita,
mientras los perritos y su feliz madre ladraban y
10 jugaban a nuestros pies. Mientras conversábamos,
yo trataba de adivinar lo que quería. Al fin se
levantó y miró a los perritos. Los acarició, y dijo
finalmente:

— ¡Qué lindos perritos, señor americano!
15 Entonces comprendí lo que quería.

Tomó uno de los animalitos en sus brazos, ante
la indiferencia de la madre, que no protestaba, al
ver cómo Crescencio acariciaba a su perrito.

— Perrito lindo — dijo. — Éste será un buen
20 perro. Aprenderá a ladrar ferozmente y a ahuyentar a todos los ladrones del pueblo. Bueno, señor,

indios Indians
honrados honest
perritos puppies

ladraban were barking

adivinar guess
los acarició he petted
them

ferozmente fiercely
ahuyentar chase away
ladrones thieves

39

éste es el que prefiero; es exactamente el que he

me lo llevo I'll take it
away

estado buscando. Así, pues, me lo llevo en seguida.
Muchas gracias, mil gracias, señor, por su generosidad. ¡Adiós, pues!

— Mire, Crescencio — le dije — usted no puede ₅
llevarse el perrito sin pagarme un peso por él.

Se detuvo, y sin mostrar sorpresa, dijo:

— ¿Qué dice usted, señor?

Es verdad que no era mi intención vender los
perros. Como la madre era la única terrier en el ₁₀

un cruce terrible awful
mongrels

distrito, los perritos resultaron un cruce terrible.
Este tipo de perros, desde luego, es más resistente
para estas regiones tropicales. Yo no sabía exactamente qué hacer con ellos. Quería dos para mí; el
otro, sin embargo, no podía regalarlo, pues si lo ₁₅
regalaba, al día siguiente vendrían a mi casa cinco
hombres a pedirme un perro. Dirían:

— ¿Por qué le dio usted a ese Crescencio un
perrito, señor americano? Él nunca ha hecho nada
por usted; además, señor, recuerde que yo le presté ₂₀
mi caballo el otro día y que no le cobré ni un
centavo.

Otro diría:

— ¿Por qué no me da a mí un perrito? ¿No fui

correo mail
la semana pasada last
week
cuando yo hubiera rega-
lado when I had given
away
becerro calf

yo quien le trajo el correo la semana pasada? ₂₅

Y cuando yo hubiera regalado todos los perros,
vendría algún indio a pedirme un becerro. Como
yo había dado ya todos los perros y no quedaba
ninguno para él, ¿por qué no podía darle a él, mi
mejor amigo, un becerro? Así, pues, dije: ₃₀

— Crescencio, el perrito le costará un peso, y si
no trae el dinero, no puede llevarse el perro. Usted
debe comprender que estos perros me han costado

mucho por la leche, el arroz y la carne que comen.

Crescencio colocó al perrito con mucho cuidado junto a su madre, que lo recibió con gran satisfacción, lamiéndolo. Después miró a Crescencio como
5 diciendo: "Ahora, buen hombre, no vuelva a tocarlo, porque ya está limpio".

— Si trae el peso, el perro será suyo.

— Muy bien, señor, hasta mañana.

Con estas palabras, Crescencio me dijo adiós y
10 regresó a su casa.

A la mañana siguiente, temprano, Crescencio volvió y, después de mirar a los perritos, dijo:

— Un peso es mucho dinero, señor. Creo que es mucho pagar por ese perrito tan pequeño; una rata
15 es más grande que él.

— Muy bien, Crescencio, si no quiere comprarlo, está bien. Un peso es mi último precio.

De pronto cambió completamente el tono de su voz y comenzó una nueva conversación. Si yo no
20 hubiera conocido a esta gente, habría pensado que ya no quería comprar el perro.

Empezó a contar todo lo que había ocurrido en el pueblo. Habló del precio del maíz, de las mulas, de los caballos, de los burros y de los perros.

25 — Hablando de precios y del costo de la vida — dijo Crescencio — usted debe de sentirse muy solo aquí en su casita. Ayer me decía mi mujer: "Ese gringo debe de sentirse muy solo". Bueno, perdóneme, señor, lo que mi mujer dijo fue: "Ese ame-
30 ricano debe de sentirse muy solo".

— No me siento tan solo como usted cree, Crescencio. Tengo mucho trabajo, que ocupa todo mi tiempo.

---

leche milk
arroz rice
con mucho cuidado very carefully

lamiéndolo licking it
como diciendo as if to say

hasta mañana see you tomorrow

regresó returned

ese perrito tan pequeño such a little puppy

está bien all right
último precio lowest price

Si yo no hubiera conocido If I had not known

todo lo que everything that
maíz corn

costo de la vida cost of living
sentirse muy solo feel very lonely

gringo American (somewhat depreciative)

— Eso es exactamente lo que mi mujer dice, que usted tiene demasiado trabajo. ¿Cómo puede usted

cocinar, lavar y limpiar
cook, wash and clean

cocinar, lavar y limpiar la casa? No podemos comprenderlo.

Naturalmente, un indio no puede comprender 5 cómo un hombre blanco puede hacer semejante trabajo. Cocinar, lavar y limpiar la casa es trabajo de la mujer. Un indio moriría antes de cocinar su comida, excepto durante largos viajes en los cuales su mujer no puede acompañarlo.   10

— ¿Conoce usted a Eulalia, señor?

— No, no conozco a Eulalia.

Tiene casi diecisiete
años She is almost
seventeen
Tiene el pelo largo Her
hair is long

— Pues Eulalia es mi hija. Tiene casi diecisiete años y es muy bonita. Todos lo dicen. Tiene el pelo largo y perfumado. Además, Eulalia es muy 15 inteligente. Casi sabe leer, y escribe perfectamente

honrada honest

su nombre. Es muy honrada, señor, y muy limpia.

bañarse take a bath

Ella nunca va a bañarse al río como las otras mujeres del pueblo. No señor, ella se baña en un barril

dos veces twice

en la casa, sí señor, y dos veces cada semana. No 20

piojos lice

tiene piojos, no señor, uno o dos tal vez, pero no muchos.

por saber to find out

Yo habría pagado un peso por saber cómo y cuándo Crescencio volvería otra vez al asunto del perro.   25

— Además, mi hija sabe cocinar y hacer todo el

trabajo de la casa house-
work

trabajo de la casa perfectamente, y lava la ropa muy bien.

Lo que decía Crescencio era confirmado por su apariencia personal, pues aunque su ropa era muy 30

remendada patched

vieja, parecía bien remendada y limpia.

— Mi mujer y yo — continuó — imaginamos que usted debe de sentirse muy solo y que además, un

caballero como usted no debe cocinar y lavar. Y
después de pensarlo bien, hemos decidido enviarle **pensarlo** thinking it over
a Eulalia para hacer todo el trabajo de la casa.
Desde luego, usted tendrá que pagarle, porque ella
5 no va a trabajar gratis. **gratis** free of charge

Me gustó la idea de Crescencio. Era verdad que
yo perdía mucho tiempo haciendo el trabajo que
una sirvienta podría hacer aun mejor que yo.
Además, quería estudiar las plantas tropicales de
10 aquella región y no tenía tiempo para ello.

— ¿Cuánto quiere ganar su hija? — pregunté.

— Yo creo que doce pesos al mes no sería dema- **al mes** a month
siado ¿qué cree usted, señor?

— Bueno — dije — la probaré, porque mire, Cres-
15 cencio, yo no conozco a Eulalia. La dejaré trabajar
dos semanas y si lo hace bien podrá permanecer
todo el tiempo que yo viva aquí, que será seis o **todo el tiempo que yo viva** as long as I live
siete meses.

— Yo sabía que le gustaría mi proposición. Ahora,
20 voy a casa para enviarle a Eulalia inmediatamente.
Ella tendrá tiempo para cocinar la comida de hoy.

Cuando se fue sin hablarme del perro, me sentí
completamente desilusionado, pues siempre me
había creído capaz de leer el pensamiento de los
25 indios tan fácilmente como un libro abierto.

Había andado unos cincuenta pasos cuando volvió para decirme:

— Aquí, señor, es costumbre pagar a una sirvienta **es costumbre** it is customary
algo adelantado para cerrar el negocio. Yo creo que **adelantado** in advance
30 dos pesos sería suficiente . . .

— Bueno, Crescencio, como eso es aquí una costumbre, le pagaré algo adelantado, pero no más de
un peso, para cerrar nuestro negocio. **cerrar el negocio** close the deal

(Marginal vertical note:) JULIO C. GUERRA 1722 Briar Lane Wharton, Texas 77488

lo mordió bit it
falso counterfeit

Muchas gracias Thank
  you very much

Le tocó los dientes He
  felt its teeth
¡Diablillo! Little devil!

pobrecito poor little
  thing

rebajar to come down

Está bien All right

Fui a traer el peso y se lo entregué a Crescencio.

Tomó el peso, lo mordió para ver si era falso, y dijo:

— ¡Muchas gracias, señor! — y salió.

No había andado muy lejos, cuando regresó, esta ₅ vez mirando a los perritos.

Sin decir una palabra, se acercó a ellos y tomó al que había tenido en sus brazos el día anterior.

— Perrito lindo — dijo, sonriendo y acariciándolo. — Desde ayer ha crecido un poco, ¿no es ver- ₁₀ dad, señor? Mírelo, ¡qué dientes!

Le tocó los dientes con los dedos y gritó:

— ¡Ah!, ¿por qué me muerdes? ¡Diablillo! No, no debes morder los dedos de tu amo.

Mirándome con los dedos aún en la boca del ₁₅ perro, dijo:

— ¿Cuánto dijo que quería por él? ¿Un peso? Yo soy pobre, muy pobre, y un peso es mucho dinero. Pero, ¿qué puedo hacer? El pobrecito me quiere tanto, que no puedo abandonarlo. Bien, ₂₀ como usted no quiere rebajar ni un centavo, aquí tiene su peso.

Sacó el peso que sólo un momento antes yo le había entregado. Tomé el peso, mi peso.

— Bueno, señor — dijo, tomando al animalito, ₂₅ — el perrito es mío, ¿no es verdad?

— Está bien, Crescencio, el perrito es suyo. Así, pues, el negocio está cerrado. Ahora, mándeme a Eulalia. Ella debe comenzar a trabajar en seguida.

— La mandaré en seguida, señor. Estará aquí ₃₀ antes de una hora.

Y se fue.

Esperé una hora, dos, tres, y seguí esperando.

Realmente me gustaba la idea de tener en mi
casa a una muchacha, y de oírla cantar, hablar y
hacer el trabajo de la casa. Ya comenzaba a sen-
tirme solo sin ella, aunque nunca la había visto.

5   Cuando pasaron cuatro horas, no pude dominar
mi impaciencia. Tomé el camino hacia el pueblo,
bajo los rayos del sol tropical. Llegué a la casita
de Crescencio. Bajo la fresca sombra del techo de   **techo de palma** palm
palma lo encontré sentado, jugando con el perro.   thatch roof

Al verme, dijo con esa cortesía característica del indio:

ésta es su casa make yourself at home

— Entre, señor, ésta es su casa.

Yo le pregunté con impaciencia:

— ¿Dónde está Eulalia? Usted prometió man- 5 darla inmediatamente, ¿no es verdad?

— Eso es exactamente lo que le prometí, señor, y lo que hice cuando llegué a casa.

— Bueno, aún no ha llegado.

— Yo la mandé inmediatamente, señor, pero ella 10 me dijo francamente que no quería cocinar para ningún gringo . . . es decir, que no quería cocinar y trabajar para ningún americano. ¿Qué podía yo hacer, señor? Eulalia ya es una mujer, y usted sabe

en nuestros días nowa-days

que las mujeres en nuestros días nunca hacen lo 15 que deben o lo que sus padres les mandan. Todas

gringas American women

esas nuevas ideas las han tomado de las gringas, es decir, de las mujeres de su país. — Y movió la cabeza en la dirección en que suponía estaban los Estados Unidos. 20

devolverme give me back

— En ese caso, Crescencio, usted tiene que devol-verme el peso que le di.

— ¿De qué peso habla usted, señor? Ah, sí, ya recuerdo, el peso de Eulalia. Pero ¿no recuerda usted, señor, que yo se lo di cuando compré el 25 perro y que usted dijo: "Está bien, Crescencio"? Eso es lo que usted dijo.

Yo estaba asombrado. Evidentemente había al-gún error en lo que yo había aprendido del comer-cio moderno en el curso por correspondencia que 30 estudiaba. Sin embargo, le dije:

— Si no me devuelve el peso, Crescencio, usted tiene que devolverme el perro.

— ¿El perro? — repitió, mirándome asombrado. —
¿Este perro, señor? ¿No recuerda usted que sólo
esta mañana le compré este mismo perrito y le
pagué por él un peso, el precio exacto que usted
5 me pidió? ¿No recuerda, señor? Entonces usted
dijo: "Está bien, Crescencio". Eso fue lo que usted
dijo exactamente. Y añadió que el perro era mío,
que yo lo había comprado pagando por él un peso.

Recordé y comprendí que Crescencio tenía razón.
10 Pero pensé que entonces había algún error en el
curso por correspondencia, que llamaban "El buen
vendedor".

Adapted from "Un negocio malísimo" by B. Traven.

le compré I bought from you

tenía razón was right

vendedor salesman

8

Mireya Ronsard

ENRIQUE MÉNDEZ CALZADA

lunar mole

poesías poems

lunar beauty spot (mole)

delicioso delightful
atrae attracts

otra cosa something else

"Mireya tiene un lunar ..." Parece un verso, parece el principio de una de aquellas poesías que en el siglo pasado escribían los poetas en los álbumes de las señoritas. Mireya tiene un lunar junto a la boca. 5

Ese lunar, ese delicioso lunar, atrae la mirada del profesor de literatura. Durante la clase, el señor Fernández en vano trata de mirar otra cosa: los árboles del jardín, una hermosa magnolia que está

junto, a la ventana. Es inútil: el lunar de Mireya
cubre completamente su campo visual.

En realidad, esa chica de tez blanca y pelo negro
es maravillosa: alta y delgada, pero fuerte. Es ma-
5 ravillosa cuando sonríe, es maravillosa cuando está
seria, y en la mirada, ¡qué luz de inteligencia!
Debe de ser un placer conversar con ella a solas,
lejos ella y él de la disciplina de la clase y de todas
las prosaicas cosas del aula.

10 La verdad es que sólo la presencia de Mireya lo
anima a continuar ese estúpido y monótono esfuerzo de enseñar literatura a esos muchachos
que no tienen ningún interés en la clase. Son veinte
pequeños salvajes. El señor Fernández en vano
15 trata de mantener el orden de la clase. Hay en el
aula un murmullo constante como un enjambre
de moscardones. Cuando ese murmullo ahoga su
propia voz, débil y suave, el señor Fernández interrumpe su conferencia sobre el origen de la
20 novela, golpea la mesa y grita: "¡Silencio!" Amenaza con expulsar de la clase a los que, en vez
de escuchar la conferencia, pierden el tiempo conversando estúpidamente. Pero todo es inútil. Es
evidente que ese profesor aparentemente tan débil
25 que mientras habla no sabe qué hacer con las manos, que constantemente se arregla sus lentes o su
vieja corbata verde, no inspira respeto a aquellos
chicos que pasan sus días jugando al fútbol o bañándose en las aguas del río cercano.

30 En el primer momento, después de cada golpe
en la mesa, guardan absoluto silencio, pero pronto
empieza otra vez el murmullo del enjambre de moscardones. Las palabras del profesor desaparecen;

inútil useless

En realidad Really
tez complexion
delgada slender

a solas alone

aula classroom

salvajes savages

mantener el orden de
keep order in
murmullo hum
enjambre de moscardo-
nes hornet's nest

interrumpe interrupts

conferencia lecture

golpea pounds
Amenaza con He threat-
ens to
expulsar expel

pierden waste

se arregla adjusts
lentes glasses

corbata tie

bañándose swimming

guardan absoluto silen-
cio they keep per-
fectly quiet

nadie escucha. El señor Fernández comprende que su voz, algo débil, no inspira respeto, ni despierta la atención de nadie.

Aquellos muchachos tienen el demonio en el cuerpo; no pueden quedarse quietos, ni siquiera 5 escuchar. Lo único que saben hacer es gritar, correr, pelear. Sin embargo, poseen una diabólica habilidad para inventar constantemente nuevas travesuras. Un día, mientras el señor Fernández hablaba tranquilamente sobre literatura española, se 10 vio alzarse de uno de los pupitres una larga columna de humo. ¿Qué ocurría? Nada: que uno de aquellos pequeños demonios, después de llenar de hojas de periódicos el interior del pupitre, les había prendido fuego, por el placer de ver salir una co- 15 lumna de humo, o tal vez para descubrir si un pupitre puede convertirse en cocina.

Afortunadamente, el fuego fue apagado rápidamente y los muebles no sufrieron serios daños. Lo que sufrió, sin embargo, fue la disciplina, pues 20 desde aquel momento el habitual tumulto de la clase de literatura se hizo más intolerable.

*   *   *

El señor Fernández tiene, además de su detestable corbata verde, un verdadero espíritu misio- 25 nero. Sólo así se puede explicar que aquella constante falta de atención no le haya exasperado aún hasta el punto de hacerle perder la paciencia. Continúa, día tras día, sus conferencias sobre literatura, continúa haciendo leer a los muchachos las bellas 30 páginas de los autores clásicos, de los cuales probablemente no comprenden una palabra.

Todas las mañanas el señor Fernández llega al

---

demonio devil

quedarse quietos keep still
ni siquiera not even

travesuras mischief

alzarse rising
pupitres desks
humo smoke

les había prendido fuego had set them on fire

convertirse be changed
cocina a kitchen stove
fue apagado was put out

muebles furniture

se hizo became

además de besides

corbata tie
misionero missionary

no le haya exasperado has not exasperated him

colegio con una gran ilusión, al cruzar aquel magnífico parque de viejos árboles. Piensa que sería tan agradable sentarse bajo las magnolias a leer sus libros favoritos o pasear por el parque con
5 Mireya Ronsard, cambiando ideas sobre libros y autores... ¡Sueños, nada más que sueños! Pues al concluir la clase, siempre siente la misma profunda desilusión.

Esa mañana no siente deseos de explicar la lec-
10 ción. ¡El cielo está tan azul, los árboles están tan verdes y Mireya Ronsard está tan linda! ¡Sería tan agradable dar un paseo por el parque, sin cuidados ni preocupaciones! Y después de todo, ¿por qué seguir tratando de meter en aquellas cabezas algo
15 que nunca podrá entrar en ellas, el sentimiento de la belleza? ¡Al demonio con todos esos pequeños demonios!

Decide interrogarlos. Además, se acerca el fin del curso y los exámenes finales, y así verá si han
20 aprendido algo durante el año.

— Raúl Cataruzza — llama.

El joven Cataruzza se levanta, allá hacia el fondo del aula. Es un muchacho pelirrojo, que lo mira con una sonrisa estúpida.

25 — Mencione usted algunas obras clásicas de la literatura española del Siglo de Oro.

Cataruzza no abre la boca. Mira a los compañeros en busca de auxilio urgente. Pero nadie lo ayuda y Raúl Cataruzza mira entonces al profesor
30 con una mirada de perro amenazado.

— Vamos a ver — insiste el señor Fernández — ¿quién escribió *Don Quijote?*

Raúl Cataruzza vuelve a mirar a sus compañeros.

---

colegio school

agradable pleasant

nada más que nothing but

no siente deseos de he doesn't feel like
explicar la leccion lecturing

dar un paseo to take a stroll
preocupaciones worries

sentimiento de feeling for
belleza beauty

fondo back

aula classroom
pelirrojo redheaded

Siglo de Oro Golden Age

compañeros classmates

busca search
auxilio help

amenazado threatened

Vamos a ver Let's see

Don Quijote Don Quixote (*famous Spanish novel by Cervantes*)

tiene más suerte he's luckier

se compadece de él takes pity on him

Calderón de la Barca (famous Spanish dramatist)

Faltan diez días para It's ten days until

belleza beauty

alumna pupil

convencido de que convinced that
además de besides
conocimiento knowledge
la poesía poetry

de atribuir to attribute

"Mireya" (French poem by Frédéric Mistral)
apellido surname

cómo no va a apreciar how can she fail to appreciate

como la Gioconda like Mona Lisa

Esta vez parece que tiene más suerte, parece que alguien se compadece de él, pues contesta en seguida.

— ¡Calderón de la Barca! — grita.

El profesor de literatura, al salir del colegio esa 5 mañana, siente una gran desilusión.

*   *   *

Faltan diez días para los exámenes finales. El señor Fernández decide interrogar a la señorita Ronsard. Durante el año no le ha hecho una sola 10 pregunta. Aunque no le gusta confesarlo, la belleza de la alumna, aquella mirada firme y serena, lo han hecho sentirse un poco tímido.

Desde el primer día de clase, el señor Fernández está convencido de que la señorita Ronsard posee, 15 además de su belleza física, un gran conocimiento de la literatura, sobre todo de la poesía. ¿Por qué cree tal cosa? En realidad, su opinión sólo se basa en esa tendencia humana de atribuir talento a las mujeres hermosas. En el caso de esta alumna, ade- 20 más, hay la sugestión psicológica del nombre. Una hermosa joven que tiene el nombre de la heroína de un poema tan famoso como "Mireya", y el apellido de uno de los más grandes poetas de Francia, ¿cómo no va a apreciar la poesía? El señor Fer- 25 nández piensa también que Mireya Ronsard, la linda muchacha argentina, por cuyas venas corre la sangre de Francia, debe de poseer un gran conocimiento de la literatura.

— Señorita Ronsard . . .   30

La alumna se levanta y sonríe enigmáticamente como la Gioconda.

— Vamos a ver, señorita, como usted lleva su

nombre, ¿qué puede usted decirnos sobre "Mireya"?

La señorita Ronsard sigue mirando al profesor, pero no abre la boca. El terrible silencio se pro-
5 longa demasiado. Algún muchacho insolente en el fondo del aula comenta: "No sabe nada". El profesor vuelve a preguntar:

— ¿Quién es el autor de "Mireya"?

— Es... Es... — pero la respuesta no llega.
10 — Mis... Mis... — el señor Fernández la ayuda, como si llamara a un gatito.

— ¡Ah, sí! Mistral. Gabriela Mistral...

Algo se rompe en el alma del profesor.

— No, señorita, usted está confundida. Gabriela
15 Mistral es una poetisa chilena, autora de "Desolación". El autor de "Mireya" es Federico Mistral, el gran poeta francés. Vamos a otra cosa. Como usted tiene el mismo apellido, ¿qué puede decirnos sobre Ronsard?
20 — Es... Es...

— ¿En qué siglo vivió Ronsard?

Silencio; terrible silencio.

— Pero no es posible... ¿No sabe de qué siglo es Ronsard?
25 La alumna mira a su vecino de la izquierda, mira luego al vecino de la derecha, pero como no recibe auxilio de ellos, adivina:

— Del siglo pasado...

Se oyen murmullos y risas. El profesor se quita
30 los lentes y mientras los limpia, mira a la muchacha. Es evidente que él busca una pregunta fácil para poner fin a la ridícula escena.

— Benito Pérez Galdós... — dice.

---

fondo back

respuesta reply

Mis... Mis... Kitty, Kitty
como si llamara as if he were calling
gatito kitten

alma heart

confundida confused

poetisa chilena Chilean poet

francés French
Vamos Let's go
otra cosa something else

Ronsard (16th century French poet)

de la izquierda on her left

auxilio help

murmullos whispers
se quita takes off
los lentes his glasses

poner fin put an end

Benito Pérez Galdós (famous Spanish novelist)

Mireya Ronsard se sienta de pronto, con visible alivio. El profesor no comprende.

alivio relief

— ¿Por qué . . . por qué se sienta usted? — pregunta.

llamó a called on

— Porque usted llamó a otro alumno — protesta 5 Mireya Ronsard volviendo a levantarse.

timbre de salida closing bell
permiso permission

Suena el timbre de salida. Sin esperar permiso, los muchachos corren hacia la puerta y salen gritando. Alguien tira una pelota de papel sobre la 10 mesa del profesor.

pelota ball

Mireya Ronsard se detiene cerca del profesor. ¿Qué es lo que tiene junto a la boca? ¿Una chinche? . . .

¿Qué es lo que . . . ?
  What's that . . . ?
chinche bedbug

¡No, por Dios, qué idea!   1

por Dios for heaven's sake

Mireya tiene un lunar . . .

Adapted from "Mireya Ronsard" by Enrique Méndez Calzada.

9

En el ascensor

JOSÉ MARÍA PEMÁN

— Pase.

— No, por favor; usted primero . . .

Yo sostenía este breve diálogo con Chuchi Encinares, a la puerta del ascensor del Gran Hotel de
5 Madrid. Chuchi vivía en mi mismo piso, y yo la
había oído salir.

Al oír sus pasos en el pasillo, salí detrás de ella.
Tenía prisa, y llevaba en la mano una raqueta de
tenis. Chuchi siempre tenía prisa. Cuando no
10 llevaba en la mano una raqueta, llevaba un palo
de golf o un perro, o una carta urgente.

Yo tenía un gran deseo de hablar con Chuchi
Encinares. Creía que sus ojos no me eran indife-
rentes, aunque no había podido descubrir aún si
15 eran de color azul o verde claro. No había tenido
tiempo de examinarlos bien porque Chuchi siempre tenía prisa porque quería echar una carta en
el correo de las tres, y ya eran las tres menos diez; o
tenía una cita con unas amigas a las seis, y ya eran
20 las seis y media.

Cuando Chuchi llegaba al ascensor, la alcancé.

ascensor elevator
Pase Go ahead
por favor please

pasillo hall

Tenía prisa She was in
a hurry
tenis tennis

palo de golf golf stick

verde claro light green

echar una carta mail a
letter
correo de las tres three
o'clock mail
las tres menos diez ten
to three
cita date
las seis y media six-
thirty

55

— Pase.

— No, por favor; usted primero . . .

En seguida, las puertas se cerraron. Chuchi tocó
el botón que decía "bajada". Y dijo:

5 — Tengo prisa, es muy tarde. Nela y Poly están
abajo, esperándome para ir a jugar al tenis.

La escuché tristemente. No había duda de que
aquella mujer me gustaba. Tenía los ojos lindos;
tenía una voz muy dulce. Pero sobre todas estas

10 cosas había algo que me molestaba . . . ¡Siempre
tenía prisa! No vivía: corría, saltaba, bailaba. El
golf, el tenis, el baile, el auto, eran mis rivales. Recuerdo que una vez la llevé a comer al "Jockey
Club". En medio de la comida, de pronto, Chuchi

15 saltó de su silla y exclamó:

— ¡Valencia!

Yo salté también, asustado. Creí que ella quería
ir, después de la comida, a aquella ciudad. Pero no
era eso; quería decir que la orquesta tocaba "Va-

20 lencia". Porque la comida — ¡oh desilusión! — era
con baile entre plato y plato. Mis planes para tener
una conversación íntima con ella desaparecían.
Otra vez mi rival, el baile, vencía. Un minuto después, Chuchi y yo bailábamos con la música de

25 "Valencia". Cuando llegó la carne, habíamos bai-
lado siete veces y habíamos hablado cuatro palabras.
Cuando llegó el café, Chuchi lo bebió ligero, porque había prometido dar un paseo en auto y . . .
¡ya era tarde!

30 Yo recordaba todo esto mientras el ascensor empezaba a bajar. Al fin, yo estaba solo con Chuchi,
en un ascensor. Pero en un ascensor que bajaba
muy ligero. En pocos segundos, todo habría termi-

---

tocó pressed

botón button
"bajada" "down"

me gustaba I liked

el baile dancing

En medio de In the middle of

quería decir she meant

entre plato y plato between courses

**bailábamos con la mú-
sica** were dancing to
the music

dar un paseo en auto to
go for a drive

letreros signs

Quinto Fifth
Tercer Third

¿no? doesn't it?

se ha interrumpido has
gone off
fastidio nuisance

me quedé mirando I
kept looking at
ni verdes ni azules
neither green nor blue

cristal glass

experimentando experi-
encing
sensación thrill
la del tenis that of
tennis

suspendida hanging
estrella star
se enojase con she
might get angry at
al contrario on the con-
trary

nado. Ante nuestros ojos pasaban los letreros crue-
les: Quinto piso... Cuarto piso... Tercer piso... Yo no sabía aprovechar aquellos segundos.
Quise decir mil frases diferentes.

— Chuchi... — empecé al fin.

— ¿Qué?... Que este ascensor va muy despacio,
¿no? Cuando yo estuve en Nueva York...

Yo la miraba tristemente. Durante los pocos segundos que estaba con ella, iba a hablar de los
rápidos ascensores de Nueva York. Horrible. Y
en aquel momento, pasaba ante nosotros el letrero:
Segundo piso...

Pero de pronto, entre el segundo y el primer piso,
el ascensor paró. Yo dije tranquilamente:

— La corriente se ha interrumpido...

— ¡Qué fastidio!

— Fastidio, ¿por qué?

Y me quedé mirando los ojos de Chuchi. Al fin
pude examinarlos. Descubrí que no eran ni verdes
ni azules. Yo recordaba haber visto un color semejante, pero no recordaba bien en qué objeto. Creo
que fue en una botella de cristal.

Todo esto se lo dije a Chuchi Encinares, y Chuchi rió. Entonces yo observé que ella estaba experimentando una sensación nueva, diferente a la
del tenis, del golf, del baile y del paseo en auto:
la sensación de oírme hablar del color de sus ojos,
suspendida, como una estrella, entre el cielo y la
tierra. Temí que se enojase con aquellas frases
románticas, pero al contrario, escuchó con gusto.
Comprendí que, después de todo, las mujeres son
siempre las mismas. Solos en un ascensor, un hombre y una mujer pueden hablar todavía como en

los viejos tiempos. Entonces me atreví a decir:

— ¿No cree usted que a veces es una buena cosa en nuestra vida, que se interrumpa la corriente?

— Quizá... Sí, creo que tiene razón. Vivimos demasiado de prisa...

Cuando oí esto, dije tranquilamente:

— Entonces, podemos continuar. Sabía que un minuto bastaría para convencerla...

Y al decir esto, toqué el botón que decía "bajada". El ascensor comenzó a bajar en seguida. Los segundos que aún nos quedaban bastaron para este rápido diálogo:

— Pero, entonces...

— No se interrumpió la corriente. Yo toqué el botón de "parada" para poder hablar un minuto con usted y descubrir el color de sus ojos.

Habíamos llegado abajo. Las amigas de Chuchi gritaban:

— ¡Corre, Chuchi!... ¡Es muy tarde!... ¡Cómo nos has hecho esperar!

Pero Chuchi, por la primera vez en su vida, no tenía prisa por salir del ascensor, ya parado. Al fin levantó sus lindos ojos:

— Venga usted a jugar al tenis con nosotras.

Y luego, bajando la voz:

— Al empezar a jugar, yo fingiré doblarme un tobillo.

La escuché con gran alegría. ¡Al fin iba a pasar una tarde entera con Chuchi! Abrí la puerta del ascensor.

— Pase.

— No, por favor; usted primero...

que se interrumpa la corriente for the current to go off

demasiado de prisa in too much of a hurry

toqué I pressed
bajada down

aún nos quedaban we still had left

botón de "parada" "stop" button

por salir to get out

bajando la voz lowering her voice
Al empezar When we begin
doblarme un tobillo to sprain my ankle

JULIO C. GUERRA
1722 Briar Lane
Wharton, Texas 77488

Adapted from "Memorias de un viaje en ascensor" by José María Pemán.

10

El terrible efecto
de una causa pequeña

MANUEL GÁLVEZ

cometió el error made the mistake

Una noche, Julián Guerrero cometió el error de ir a un banquete en honor de un amigo suyo que se casaba. Comió demasiado, y cuando a la una de la mañana llegó a su casa, no se sentía bien. Su esposa tenía un miedo horrible a los ladrones y aquella noche estaba muy nerviosa. Le hizo registrar toda la casa, asegurándole que había oído ruidos extraños. Después conversaron un largo rato. Guerrero le contó los detalles del banquete, y al fin, cuando su esposa se acostó, él hizo lo mismo. Después de un rato, empezaba a dormirse, cuando su esposa lo despertó de pronto, asustándolo mucho.

— ¡La lamparita!

— Es verdad, voy a encenderla — dijo Guerrero, ocultando su miedo.

Su esposa tenía una lamparita de aceite sin la cual no podía dormir. Guerrero tuvo que levantarse. Fue al tocador donde estaba la lamparita y vio allí el collar de perlas de su esposa, que ella

a los ladrones of burglars
Le hizo registrar She made him search

se acostó went to bed

dormirse fall asleep

lamparita little lamp

encenderla light it

lamparita de aceite little oil lamp

tocador dresser

collar de perlas pearl necklace

60

había olvidado guardar. Encendió la lámpara, colocó un libro delante, para atenuar la luz, y volvió a acostarse.

Media hora después el pobre Guerrero tuvo una terrible pesadilla. Luego se despertó. Pero aun después de despertarse, continuaba sintiendo los efectos de la pesadilla. No podía ni moverse ni hablar.

Al fin, haciendo un esfuerzo, abrió los ojos. Y en ese mismo instante vio, aunque vagamente, pasando por la blanca pared, una rápida sombra. ¡Un hombre, aquello era un hombre! Si no, ¿qué podría ser? Tenía exactamente la forma de un hombre. Guerrero, según él decía, jamás fue cobarde, pero la pesadilla le había paralizado el cuerpo y la lengua. ¿Qué hacer? ¡Horrible situación! Pensó que él y su esposa iban a ser asesinados.

Continuó mirando y vio con terror que la sombra se movía junto al tocador. Ya no había ninguna duda. Pensó en despertar a su esposa, pero no se atrevió a moverse.

Debo decir que Guerrero, al contarme su historia, no describía su miedo como lo hago yo. Al contrario, trataba de convencerme de su calma, de su valor. Pero mientras él hablaba, yo veía reaparecer en su rostro el terror de aquella noche horrible.

— ¿Qué podía hacer yo? — continuó. — Nunca he sido cobarde, pero ...

— Sí, hombre; no lo dudo. Sigue.

Bien. En medio de su terror, Guerrero pensó que todo podía ser efecto del movimiento de la luz. No podía ver la lamparita, porque el libro que

guardar to put away

atenuar dim

pesadilla nightmare
se despertó he woke up

vagamente vaguely

¿qué podría ser? what could it be?

asesinados murdered

tocador dresser

Sigue. Go on.

En medio de In the midst of

había puesto delante la ocultaba. Pero no; la luz no se movía, ni podía moverse. Las ventanas estaban cerradas; el aire no entraba en el cuarto. Además, había una cosa que Guerrero no entendía: ¿qué hacía el hombre allí? ¿Qué esperaba? Parecía que estaba examinando el tocador y observando también si Guerrero y su esposa estaban dormidos. Guerrero cerraba los ojos para que el ladrón, creyéndolo dormido, realizara su robo y se fuera. El hombre no necesitaría dar un solo paso, pues allí encima del tocador estaba el collar de perlas.

— Después de un rato — continuó — abrí los ojos y vi que la sombra se movía otra vez. "Ahora va a realizar el robo", pensé. Y volví a cerrar los ojos.

— ¿Y te dejabas robar así? — exclamé.

— ¿Qué iba a hacer? La vida antes que nada.

Cuando abrió los ojos otra vez, Guerrero vio un brazo negro que se extendía criminalmente hacia el collar y oyó el ligero ruido de las perlas al ser arrastradas sobre el tocador. En el mismo instante se apagó la luz.

— ¿Pero por qué no encendiste la luz eléctrica o hiciste algún ruido o hablaste a tu esposa, para que el hombre se fuera? — exclamé, sorprendido.

— No, no me interrumpas — dijo Guerrero, un poco nervioso. — Mi esposa, al encontrarse sin luz, se despertó, y yo inmediatamente le pregunté en voz baja si había oído algo.

Ella no había oído nada, absolutamente nada. Entonces Guerrero le contó, todavía en voz baja, y comenzando con la pesadilla, todo lo que había ocurrido. La relación de Guerrero empezó a asustar también a su esposa; pero luego, como no oyeron

---

dormidos asleep

realizara su robo y se fuera would carry out his theft and go away

collar de perlas pearl necklace

te dejabas robar you let yourself be robbed

antes que nada before anything else

se extendía was reaching out

arrastradas dragged

se apagó went out

no encendiste didn't you turn on

para que el hombre se fuera so the man would go away

en voz baja in a low voice

ningún ruido, decidieron encender la luz eléctrica. Guerrero se levantó de la cama, ya libre de los horrores de la pesadilla, y fue a ver si faltaba el collar. Nada faltaba, todo estaba en su sitio. Registró bajo la cama. Nada. 5

— Entonces mi esposa, que creía que yo estaba muy asustado, no sé por qué, se levantó también, y después de mirar el tocador, se echó a reír.

Yo sospeché que lo que causaba su risa era el miedo de su marido; pero no quise decirlo y pregunté seriamente: 10

— ¿Y por qué reía? ¿No era un ladrón?

Guerrero, con el tono de voz de un hombre que hace una profunda revelación, exclamó:

— ¡Era una mariposita que había caído en la lamparita! 15

No entendí.

— Sí, una mariposita, que al volar entre la luz de la lámpara y la pared, había producido la sombra que yo vi cuando me desperté, aún bajo el efecto de la pesadilla. 20

— ¿Y el movimiento de la sombra y aquel brazo?

— El movimiento de la sombra era causado por el movimiento de la llama cuando la mariposita, quemándose las alas, cayó en la lamparita, y agitándose violentamente, producía aquella sombra larga que, como un brazo negro y criminal, se extendía sobre el tocador. 25

— Pero, ¿y el ruido del collar? Eso no se explica.

— El ruido, que yo no pude interpretar entonces, era producido por la mariposita que, al quemarse en la llama, se agitaba locamente procurando escapar de la muerte. 30

---

faltaba was missing
Registró He searched

se echó a reír she burst out laughing
Yo sospeché I suspected

mariposita moth

al volar on flying

llama flame
quemándose las alas burning its wings
agitándose fluttering

se extendía reached out

locamente wildly

— Y así una causa pequeña, una pobre mariposita, te ha tenido media noche con un miedo
horrible . . .

te ha tenido has kept you

media noche half the night

— ¡La mariposita! — exclamó Guerrero. — No me
5 asustan cosas tan insignificantes. ¡Fue el banquete!
Si aquella noche yo no hubiera comido tanto . . .

yo no hubiera comido I had not eaten

Me eché a reír. Y cuando Guerrero acabó su
frase, le dije:

— Tienes razón, amigo Guerrero; por tu tran-
10 quilidad y la de tu esposa, no vayas más a ban-
quetes.

tranquilidad peace of mind

no vayas más don't go any more

Adapted from "El terrible efecto de una causa pequeña" by Manuel Gálvez.

II

Mi rival

RICARDO PALMA

Ella era una muchacha linda, muy linda, y me quería con todo su corazón. Y su amor estaba muy bien correspondido. ¡La verdad es que yo la quería muchísimo!

Ha pasado un cuarto de siglo y todavía la tengo 5 en mi memoria.

Tenía ojos negros y misteriosos; una boca dulce; y un encanto irresistible. Tal era mi novia, la inspiración de mis versos. ¡Pobre muchachita! No hay duda de que me amaba mucho, pues encontraba 10 mis versos superiores a los de Zorrilla y Espronceda, que eran los poetas españoles más populares de aquel tiempo.

La chica se llamaba . . . se llamaba . . . ¡Qué pobre memoria tengo! Después de haberla querido 1 tanto, tengo que confesar que ahora no puedo recordar su nombre.

La chica se llamaba . . . se llamaba . . .
daría un millón por recordar ahora
su nombre, que acababa . . . que acababa . . . 2
no recuerdo si era en *ira* o en *ora*.

* * *

encanto charm

por recordar to remember

66

Sin embargo, mis versos y yo teníamos un rival en Michito, que era un gato negro como la noche. Después de perfumarlo, su dueña lo adornaba con un pequeño collar de oro, y lo tenía siempre sobre sus rodillas. No puedo negar que el gatito era muy lindo.

Lo confieso, yo estaba celoso. Además, no me gustaba mucho la idea de un beso al gato y otro a mí.

Parece que el animalito sabía que no me gustaba; y más de una vez, cuando traté de quitarlo de sus rodillas, me arañó.

Un día le di un puntapié. ¡Nunca debí haber hecho tal cosa! Ella lloró y me llamó ¡bruto! Para calmarla, tuve que acariciar a Michito y... ¡Dios me perdone!, escribirle un soneto.

Sin duda, Michito era un rival difícil de ser apartado del corazón de mi novia... de mi novia ¿qué?

Es imposible recordar... ¡Qué mengua!
No hay tormento más grande para un hombre
que el de no poder pronunciar un nombre
que uno tiene en la punta de la lengua.

* * *

Pero hay un dios protector del amor, y ustedes van a ver cómo ese dios me ayudó a vencer a mi rival.

Una noche cuando fui a visitarla, la encontré leyendo el periódico.

— Dime — exclamó, señalando con su blanco dedo — ¿qué significa este aviso?

Tomé el periódico, y leí:

DOÑA ADELAIDA
ADIVINA

Michito Kitty

sus rodillas her lap
gatito kitten

celoso jealous

arañó he scratched

Nunca debí I never should

¡Dios me perdone! Heaven help me!

apartado removed

mengua lapse of memory

el de no poder that of not being able
punta tip

aviso advertisement

adivina fortuneteller

— No puedo decirte exactamente, mi vida; pero parece que es una de esas mujeres que viven a expensas de la ignorancia humana. En otras palabras, una bruja.

5 — ¡Una bruja! ¡Ah!... Yo quiero conocer una bruja... Llévame a casa de la bruja...

De pronto tuve un pensamiento diabólico. ¿No podría una bruja ayudarme a vencer al gato?

— No tengo objeción, mi vida; te llevaré el do-
10 mingo a casa de la bruja, que te leerá la suerte en las rayas de las manos.

Ella, saltando con gran alegría, me abrazó, y besando mi frente con sus labios de coral, me dijo:

— ¡Qué bueno eres... con tu...! — y pronun-
15 ció su nombre, que todavía estoy tratando de recordar...

El domingo, llamé por teléfono a doña Adelaida y le expliqué mi problema. Ella prometió ayudarme. Luego fui a casa de mi novia para llevarla
20 a ver a la bruja.

La bruja nos leyó la suerte en las rayas de las manos y empleó las fórmulas de encantamiento de que hace uso cualquier bruja común.

Luego comenzamos a examinar su laboratorio.
25 Había reptiles conservados en alcohol, insectos de todas clases, botellas con aguas verdes y rojas; en fin, todas las cosas indispensables para la profesión.

Allí estaba el gato negro disecado; es una necesidad para cualquier bruja.
30 Mi novia, al fijarse en el gato, me dijo:

— Mira, mira, ¡se parece a Michito!

Eso era lo que esperaba la bruja para poner en práctica nuestro plan.

---

mi vida my darling

a expensas de at the expense of

bruja witch

te leerá la suerte will read your fortune
rayas lines

llamé por teléfono I phoned

encantamiento witchcraft

disecado stuffed

al fijarse en on noticing
se parece a it looks like

Escuché ansiosamente. Del efecto de sus palabras dependía mi victoria o la de mi rival.

— ¡¡¡Cómo, señorita!!! — exclamó la bruja, dando a su voz un tono solemne y severo. — ¿Usted tiene un gato? ¡Ay! Por un gato yo tuve la más horrible desgracia de mi vida. Yo era joven, y este gato que usted ve disecado era mi constante compañero. Casi todo el día lo pasaba sobre mis rodillas, y la noche sobre mi cama. Entonces conocí a un cadete de artillería, arrogante muchacho, que insistió durante seis meses en venir a visitarme. Al fin, pues eso nos pasa a todas cuando el hombre es persistente, consentí. Al principio sólo conversaba conmigo. Pero un día se atrevió a darme un beso. De pronto dio un grito horrible, un grito que nunca olvidaré. Mi gato había saltado encima de él, arañándole el rostro. Cogí al animal y lo arrojé por la ventana. Cuando comencé a lavar la cara de mi pobre amigo, vi que tenía un ojo reventado. Lo llevaron al hospital y después tuvo que abandonar la carrera militar. Cada vez que me veía en la calle, me maldecía. El gato murió del golpe y yo lo hice disecar. ¡El pobre gato me quería tanto! Si reventó el ojo de mi novio, fue porque estaba celoso de mi cariño por un hombre . . . ¿No cree usted, señorita, que el gato me quería muchísimo?

Mi novia se puso muy pálida y temblaba, excitada; me miró con infinito cariño y murmuró dulcemente:

— Vámonos.

Saqué unos billetes del bolsillo, sonriendo felizmente, y los puse en las manos de la bruja.

¡Ella me amaba! En su mirada acababa de leerlo.

Ella sacrificaría por mí al gato que tanto quería ...,
ella, cuyo nombre ha desaparecido completamente
de la memoria de este hombre sin gratitud.

      ¡Ah! ¡malvado! ¡malvado!

sin gratitud ungrateful

malvado wicked man

5   Pero, ¿qué puedo hacer si lo he olvidado?
No seré el primer hombre en esta vida
que se olvidó de una mujer querida ...

No seré I'm probably
  not
una mujer querida a
  woman that he loved

*   *   *

Aquella noche, cuando fui a casa de mi novia,
10 me sorprendió no encontrar al gato sobre sus rodillas.

— ¿Dónde está Michito? — le pregunté.

Y ella, sonriendo dulcemente, me contestó:

— Lo he regalado.

Lo he regalado I have
  given him away

15 Le di un beso. Ella murmuró a mi oído:

murmuró a mi oído
  whispered in my ear

— Yo temía por tus ojos.

Yo temía por tus ojos
  I was worried about
  your eyes

Adapted from "De cómo desbanqué a mi rival" by Ricardo Palma.

12

Reloj sin dueño

J O S É   L Ó P E Z   P O R T I L L O

Reloj sin dueño Owner-
less watch
periodistas reporters
golpeando pounding

— ¡La insolencia de esos periodistas es intolerable! — exclamó el juez don Félix Zendejas, golpeando la mesa furiosamente con el periódico que
acababa de leer.

Don Félix era un hombre entre los treinta y los 5
cuarenta años de edad, alto y fuerte. No toleraba

le discutía argued with
him

objeciones; si alguien le discutía, se ponía furioso.

Había cambiado pocas palabras con su esposa
Otilia durante el almuerzo, tan interesado había

robos thefts

estado en el periódico, que hablaba de los robos 10
cometidos en diferentes partes de la ciudad. Diaria-
mente los periódicos hablaban de nuevos robos de

casas particulares pri-
vate homes

casas particulares, y aun de robos cometidos en
sitios públicos.

Zendejas, al leer el periódico, se había puesto 15
furioso.

poner fin to put an end

— ¡Es preciso poner fin a la insolencia de esos
periodistas! — repitió, golpeando la mesa otra vez
con el periódico.

Su esposa, acostumbrada al mal genio del juez, 20

continuó tomando tranquilamente una taza de té, y se atrevió a observar:

— Pero, Félix, ¿no crees que la insolencia de los ladrones es mayor que la insolencia de los perio-
5 distas?

— En mi opinión, muchos de esos robos son mentiras, cosas sensacionales que se escriben para vender más periódicos. Además, ¿crees que es justo que esos periodistas culpen a los jueces por lo que
10 pasa? Los periódicos dicen y repiten: "¡Los jueces son negligentes! ¡No toman acción en los casos!"

— No te preocupes por lo que dicen los periódicos.

— Lo peor es que no sólo las mujeres, sino tam-
15 bién los hombres dicen que son víctimas de los ladrones. Pues, ¿por qué no se defienden? Eso es simplemente ridículo.

Así terminó el almuerzo.

En seguida, Zendejas se fue a su habitación para
20 dormir la siesta antes de volver a la oficina.

Al entrar en su habitación, Zendejas cerró la puerta y la ventana, y puso su reloj sobre la mesa de noche para consultarlo de vez en cuando y no dormir demasiado.

25 La mente del distinguido juez estaba, desde luego, bien disciplinada. Cuando decía "Voy a dormir doce horas" dormía doce horas; y cuando decía que iba a descansar cinco minutos, abría los ojos cinco o seis minutos después. Según él decía,
30 todo depende de la voluntad y la energía del hombre.

Como prueba de eso, saltó de la cama media hora más tarde de lo que se había propuesto. Ponién-

taza cup

ladrones thieves

que esos periodistas culpen for those reporters to blame

dormir la siesta take a nap
oficina office

de vez en cuando from time to time

mente mind

depende de depends on

de lo que se había propuesto than he had intended

dose el sombrero, el juez tomó en seguida el revólver y salió de la habitación.

Otilia, que estaba en la sala cuidando a los niños, le dijo:

— Hoy has dormido un poco más que ayer.   5

— Exactamente lo que me había propuesto, ni más ni menos. Bueno, adiós, Otilia — dijo a su esposa, abrazándola con cariño.

— Adiós, Félix. No vuelvas tarde... Sabes que vivimos lejos y los tiempos son malos.   10

— No te preocupes por mí — dijo el juez, saliendo en seguida a la calle.

— ¡Buenos consejos! — se dijo. — "No vuelvas tarde..." Yo sé defenderme... Voy a darle una lección, volviendo a casa tarde, solo y por las calles 15 más solitarias...

Una vez en la oficina, comenzó en seguida a estudiar varios casos.

El tiempo pasó rápidamente, y cerca de las ocho de la noche otro juez, que también se había que- 20 dado estudiando casos, vino a su oficina.

— ¿Todavía trabajando, amigo?

— Sí, necesitamos cerrar la boca a esos periodistas que nos acusan de ser negligentes.

— Es verdad... Pero, ¿no cree usted que hemos 25 trabajado bastante? Vamos al teatro un rato.

— Excelente idea — dijo Zandejas.

Poco después entraron en el teatro y escogieron buenos asientos para ver bien a las artistas. Los dos graves jueces se rieron de los chistes y aplaudieron 30 mucho, como estudiantes alegres en vacaciones.

A las diez, salieron del teatro y fueron a un restaurante, donde comieron y conversaron hasta

ni más ni menos no
more and no less

con cariño lovingly

¡Buenos consejos! Fine
advice!
darle una lección teach
her a lesson

solitarias deserted

cerrar la boca a to shut
up

Vamos Let's go

artistas actresses

se rieron de los chistes
laughed at the jokes

las once y media, cuando salieron para irse a sus
respectivas casas. Y después de haber andado juntos
alguna distancia, se despidieron.

   — ¡Hasta mañana!

5   — ¡Buenas noches, amigo!

Zendejas se quedó en la esquina para esperar el
tranvía que lo llevaría a su casa; pero con tan mala
suerte, que no pasaba el que necesitaba.

Media hora después, tomó uno que lo llevó cerca
10 de su casa. Cuando bajó del tranvía, eran ya las
doce. Tenía que andar alguna distancia a pie y
tomó, a propósito, las más solitarias calles. Sentía
un gran deseo de encontrarse con algún ladrón para
darle una lección; pero no veía una sola persona.
15 Sin embargo, tenía listo el revólver, y al llegar a la
esquina, miraba en todas direcciones.

Había andado varios minutos, cuando oyó pasos
que venían hacia él. Luego vio la oscura figura de
un hombre sospechoso. Cuando éste llegó bajo la
20 luz de la calle, Zendejas observó que era un hombre
bien vestido, y, además, que estaba borracho.

Al pasar, el borracho, que venía dando tumbos,
chocó con él.

   — ¡Estúpido! — gritó Zendejas, y furioso, lo cogió
25 por la chaqueta y lo sacudió varias veces. Cuando
lo soltó, el pobre borracho levantó un pie en el
aire, levantó luego el otro pie, hizo algunas extrañas contorsiones, y siguió su camino.

Don Félix también siguió su camino. Pero de
30 pronto tuvo una idea extraña. ¿Y si aquel hombre
se fingía borracho para robarle? Y en seguida buscó
su reloj en el bolsillo ... Y no lo halló.

Corrió como un rayo tras el borracho. Tan pron-

---

las once y media eleven-thirty

se despidieron they said goodby
¡Hasta mañana! See you tomorrow!

esquina corner

tranvía streetcar

a pie on foot

solitarias deserted

de encontrarse con to run into
darle una lección teach him a lesson

oscura dark

sospechoso suspicious-looking

borracho drunk

dando tumbos stagger-ing
chocó con él bumped into him

chaqueta coat
lo sacudió shook him
lo soltó he let go of him

siguió su camino went on his way

si what if

se fingía was pretend-ing to be

to como lo alcanzó, lo cogió por el cuello con la mano izquierda, mientras sacaba su revólver con la derecha.

— ¡Alto, ladrón! — gritó.

— ¡Ay! ¡Policía! — gritó el hombre.

— ¡Entrégame el reloj que me robaste!

— Este reloj es mío.

— ¡Conque es tuyo! ¡Eres un ladrón!

Durante este diálogo, el borracho trataba de defenderse, pero no tenía fuerzas y cayó al suelo. Don Félix luego le puso el revólver contra el pecho y volvió a decirle:

— ¡Mi reloj o te mato!

El borracho sólo exclamaba:

— ¡Ah, Chihuahua!... ¡Ah, Chihuahua!... ¡Ah, Chihuahua!

No podía mover pie ni mano. Zendejas entonces le quitó el reloj y lo puso en el bolsillo de su chaqueta. Después le dio unos puntapiés y siguió su camino, mientras el borracho se levantaba con dificultad y se iba dando tumbos.

*   *   *

Otilia no comprendía por qué su esposo no llegaba a casa y estaba seriamente preocupada.

— Algo le ha sucedido — se decía. — Si los ladrones lo han asaltado, y él se ha defendido, tal vez pueden haberlo matado ...

Los ojos de Otilia se llenaron de lágrimas. ¿Qué haría si se quedaba viuda? No había en todo el mundo otro hombre como Félix ... ¿Y sus pobres hijos? Eran tres, y estaban tan pequeños. ¿Dinero? No lo tenían; su marido ganaba muy poco, y se gas-

¡Alto! Stop!

me robaste you stole from me

Conque So

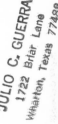

¡Ah, Chihuahua! Oh, gosh!

le quitó el reloj took the watch away from him

dando tumbos staggering

preocupada worried

lo han asaltado have held him up
pueden haberlo matado they may have killed him

si se quedaba viuda if she were left a widow

taba todo en vivir. Imaginó cosas tan terribles, que se vio viuda, pobre y sola en el mundo.

timbre de la puerta doorbell

Pero en ese momento, el timbre de la puerta sonó varias veces. Otilia corrió a abrir la puerta, llena de alegría.   5

— ¡Félix! — gritó, echándose en sus brazos. — ¿Dónde has estado?

— Trabajando, en el teatro, en el restaurante . . .

— ¡Y yo aquí, sola, sin poder dormir, e imaginando cosas horribles . . . ! He sufrido mucho pen-   10 sando en ti . . .

¡Has llorado! You've been crying!

— ¿Pero qué es eso? ¡Has llorado! — exclamó don Félix.

— ¡Desde luego, te quiero tanto y temo tanto por ti!   15

chiquilla child

— Eres una chiquilla. Te preocupas sin ninguna razón.

— Félix, voy a pedirte un favor. No vengas tarde otra vez.

— Te lo prometo, pues acabo de realizar mi pro- 20 pósito.

— ¿Cuál, Félix?

— Tuve el placer de dar unos buenos puntapiés a uno de esos ladrones de que hablan los periódicos.

Cuéntame Tell me about it

— ¿Sí? ¿Cómo es eso? . . . Cuéntame, Félix — 25 rogó Otilia.

Zendejas le contó su aventura, con muchos detalles imaginarios de su heroísmo. Otilia oyó fascinada la narración y se sintió orgullosa de tener un

orgullosa proud

marido tan fuerte y tan valiente como Zendejas.   30

Conque So

— ¿Conque el ladrón te había robado tu reloj?

fingiéndose pretending to be

— Sí, fingiéndose borracho, me lo robó del bolsillo.

Zendejas sacó el reloj del bolsillo. Otilia lo miró con curiosidad; mas al verlo, preguntó asustada:

— Pero, Félix, ¿qué has hecho?

— ¿Por qué, Otilia?

5 — Porque ése no es tu reloj.

— ¿Es posible? — preguntó Zendejas, al comprender que Otilia tenía razón.

— Este reloj es de oro, y el tuyo es de plata ... Y mira, aquí tiene las iniciales: "A. B. C."; segura-
10 mente las iniciales del dueño ...

Ante aquella evidencia, Zendejas dijo tristemente:

— ¡Conque soy un ladrón!

— No, Félix; sólo ha sido un error. Era de noche,
15 el hombre estaba borracho y chocó contigo. Cualquiera habría creído lo mismo.

— Y luego, he perdido mi reloj — añadió Zendejas.

— ¡Es verdad! ¿Cómo se explica eso?

20 — ¡Ya comprendo! — exclamó el juez con gran alegría. — Ese fingido borracho se había robado antes este reloj ... Después, me robó el mío, y cuando yo traté de recobrar mi reloj, metí la mano en el bolsillo en que él había puesto el otro, pero
25 se llevó el mío.

Otilia quedó pensando un rato.

— Quizás — murmuró al fin. — ¿Estás seguro de que llevaste tu reloj esta tarde?

— Nunca lo olvido — declaró el juez firmemente.

30 — Sin embargo, vamos a tu cuarto a ver.

Entraron en la habitación de Zendejas y vio el juez, sobre la mesa de noche, su reloj de plata donde lo había dejado por la tarde.

de oro gold

de noche at night

chocó contigo bumped into you

Cómo se explica How do you explain

se había robado had stolen
el mío mine

recobrar recover

por la tarde in the afternoon

— Aquí está — murmuró don Félix con voz triste.

— Conque ese caballero (no lo llamó ahora borracho ni ladrón) ha sido robado por mi mano...

me entrego a la justicia I'll give myself up

Mañana me entrego a la justicia.

Te pondrías en ridículo. You would make yourself ridiculous.

— No — objetó Otilia. — Te pondrías en ridículo. 5

— Pero, ¿qué voy a hacer entonces? ¡Porque no puedo quedarme con algo que no es mío!

quedarme con keep

— Déjame ver otra vez las iniciales — dijo Otilia.

¿Cómo era el señor? What did the man look like?

— "A. B. C."... ¿Cómo era el señor? Descríbemelo, Félix.   1

— Voy a tratar de recordar... No muy joven; alto, casi tan alto como yo.

No sería Could it have been

— Escucha — continuó Otilia. — ¿No sería don Antonio Bravo Caicedo?... A. B. C.: coinciden las iniciales.   1

— ¿Ese caballero rico y famoso?

— El mismo.

— No puede ser él, Otilia.

— ¿Por qué no?

— Porque es una persona de irreprochable conducta; sale siempre con sus hijas, que son muy lindas; y, espera, creo que es...   2

— ¿Qué, Félix?

— Miembro de la Sociedad de Temperancia.

— Eso no importa — contestó Otilia. — Los hombres son tan contradictorios y tan malos...   2

contradictorios inconsistent

— En eso tienes razón; son muy malos.

El juez evitó, por instinto, decir "somos muy malos".

En fin, después de considerar bien el asunto, el honrado juez decidió depositar el reloj en cuestión en el juzgado y poner un aviso en los periódicos.

aviso notice

Don Félix insistió en escribirlo aquella misma noche. Consultó con Otilia, cambió, añadió, hasta que, al fin, terminó el aviso:

AVISO

5   Esta mañana ha sido depositado en este juzgado un reloj de oro "Longines". El reloj tiene las iniciales A. B. C., y el número 40180. Su dueño puede recogerlo en esta oficina. Una descripción exacta de la persona a quien fue sustraído el reloj por error ha sido puesta en manos del juez, con la calle, la hora y otros detalles importantes.

a quien fue sustraído el reloj from whom the watch was taken

Pero fue inútil la publicación repetida de aquel aviso. Hasta hoy, nadie ha ido a recoger el reloj, quizás porque don Antonio Bravo Caicedo no sea el dueño, o porque, siendo el dueño, prefiera permanecer incógnito. Conque si alguno de los lectores tiene las iniciales A. B. C., si aquella noche había bebido demasiado, y si perdió su reloj en un asalto callejero, ya sabe que puede ir a recogerlo al juzgado donde está depositado.

no sea may not be

incógnito unknown
lectores readers

asalto callejero street holdup

Adapted from "Reloj sin dueño" by José López Portillo.

13

Tengo una hermana solterona

JOSEFINA RIVAS

solterona old maid

Antes de decir una palabra más, debo declarar que yo quiero mucho a mi hermana; la quiero y la admiro.

Mi hermana es mayor que yo, mucho mayor. Tiene cerca de treinta años y no es guapa; está, ademas, soltera. Yo tengo veinte años. Soy alegre y, según mis hermanos, un poco loca; además, soy guapa. Tengo los ojos verdes y la tez morena, cuyo único defecto son tres o cuatro pecas en la frente. Pero mi hermana, que no es guapa, es mucho más atractiva que yo.

Mi hermana y yo a veces reñimos, casi siempre porque yo quiero que se case ... y cada vez que encuentro algún muchacho que me gusta para ella, adopta una actitud imposible.

— No comprendo por qué no te gusta ese muchacho. Es muy guapo, y luego ... ¡Te ha dicho tan lindas cosas!

— Exactamente, con las lindas cosas que me ha dicho, me ha demostrado su experiencia en decirlas a otras mujeres. Sólo le gustaron "mis ojos

Glossary (left margin):
- guapa good-looking
- soltera single
- tez complexion
- morena dark
- pecas freckles
- yo quiero que se case I want her to get married
- demostrado shown

82

largos y mi boca ancha", como dijo, y quiso, tal
vez, *flirtear* un poco. No, Pilaruchi; yo quiero un
amor eterno o quedarme tranquilamente en mi
casa . . .

5   El otro día hablábamos mamá y yo del matrimonio desgraciado de una prima. Mi hermana
leía uno de esos libros que a ella le gustan tanto,
un libro que será muy importante, pero que con
sólo una de sus descripciones, yo tendría bastante
10 para dormir treinta días. Mamá y yo defendíamos
nuestros respectivos puntos de vista y al fin mi hermana tuvo que intervenir.

desgraciado unfortunate

será might be

— ¿Qué les pasa? No me dejan leer — protestó.
Mamá le contestó suavemente:

— Tu hermana cree que Mariana tiene la culpa
de su desgraciado matrimonio y yo digo que es él
quien tiene la culpa.

— Pues esta vez — dijo mi hermana, sorprendién-
dome — Pilaruchi tiene razón. ¿Por qué se casó
Mariana con ese hombre?

— ¡Bah, no quería quedarse solterona!

— ¡Exactamente! No quería quedarse solterona.
Los años pasaron sin traerle el marido que esperaba y llena de impaciencia . . . se casó con el primero que encontró. Ahora se queja . . .

Y volvió tranquilamente a su libro. Pero no la
comprendo. ¡Si sigue esperando va a encontrarse
uno de estos días con el pelo blanco! ¡Y yo con
una hermana solterona!

*   *   *

Anoche volvíamos del cine, conversando y riendo
alegremente. De pronto, vimos a un hombre que
venía por la calle en un magnífico caballo. Era
tan guapo, que le dije en voz baja a mi hermana:

— ¡Qué hombre! Parece un artista de cine.

— ¡Bonito caballo! — contestó ella.

El señor quizás la oyó, pues se detuvo y nos
observó.

— ¡Rubia! — le dijo — si todas las mujeres guapas
se murieran, ¡qué poco durarías tú!

Mi hermana tiene un genio violento que oculta
con gran cuidado. La vi temblar, furiosa. Se
detuvo un momento, mirando fijamente al caballo,
evitando los ojos del dueño.

— Pero ¿qué miras? — le pregunté sorprendida.

— Lo único que vale la pena mirar.

El señor, sin decir una palabra, azotó al caballo y salió corriendo como un rayo.

Me sorprendió el efecto que aquella escena había producido en mi hermana. Se puso pálida y su mano, que tenía en mi brazo, temblaba.

— ¿Qué te pasa? — le dije. — No fue a ti a quien pegó . . .

— ¡Porque no pudo!

Y eso era verdad, porque el hombre la miró de un modo que, si hubiera podido . . .

Esta mañana reñí con uno de mis hermanos, quien terminó por mandarme a paseo. Yo estaba tan furiosa, que seguí exactamente su consejo y salí andando muy ligero bajo el sol de la mañana, tan ligero, que pronto llegué al campo. Como estaba tan cansada, decidí sentarme bajo un árbol, cerca del camino, a descansar un rato. Llevaba un suéter rojo y una falda vieja. En realidad, debo admitir que estaba muy mal vestida, pero esto me permitía sentarme en el suelo sin preocuparme por el vestido. Me imaginé que yo era una gitana vagabunda que descansaba, libre de cuidados. Luego tuve una interesante conversación con un pajarillo.

— ¿Qué haces ahí? ¿Por qué no vienes a saludarme? ¿No sabes quién soy? Soy la reina de los gitanos y todos los que viven en esta selva deben venir a besar mi morena mano.

Noté que algo se movía a mi lado y en ese momento apareció un muchacho muy guapo, que me dejó completamente confusa.

— ¡Majestad! — dijo. — Vengo a obedecer vues-

Lo único que vale la pena mirar. The only thing worth looking at.
azotó whipped
salió corriendo ran off

si hubiera podido if he could have

mandarme a paseo telling me to take a walk

preocuparme por worrying about
gitana gypsy

pajarillo little bird

reina queen
selva forest

¡Majestad! Your Majesty!
obedecer obey

tras órdenes y pido el honor de besar vuestra blanca ... es decir, morena mano.

— ¡Nunca he visto a nadie tan tonto! — exclamé furiosa.

Rió y se acercó a mí sonriendo.   5

La escena fue interrumpida por mis gritos. No tuve tiempo ni para pensar. Vi que un novillo corría hacia mi suéter rojo y sentí que todo mi cuerpo estaba paralizado. Luego ... corrí como un rayo. Pero de pronto, tropecé y caí. El grito   10
que di probablemente se oyó en mi casa.

El muchacho, que había corrido detrás de mí, me levantó en sus brazos, y cuando vio la expresión de dolor de mi rostro, se asustó. Me llevó con mucho cuidado hasta una casa de campo y en-   15
trando en ella, me puso en un sofá. Yo no protesté, pues sentía un terrible dolor en el tobillo derecho, y en esas circunstancias nada me importaba. Luego me dijo que iba a buscar a su tío. Cuando volvió con un hombre alto y grave, mis   20
gritos cesaron, pues quedé completamente sorprendida. ¡En frente de mí estaba el hombre que, aquella noche que volvíamos del cine, había *flirteado* con mi hermana! Él pareció sorprendido también, pues mirándome fijamente, me dijo: 25

— Parece que la conozco, señorita ...

— ¡Absolutamente no! — exclamé. — ¡Estoy segura de que usted sólo recuerda a mi hermana!

No me contestó; pero yo observé un ligero sonrojo en su cara. Puso sus dedos sobre mi tobillo   30
y mi grito no pareció conmoverlo; pero el sobrino estaba muy conmovido. Su tío le dijo que debían llevarme a casa, pues creía que mi tobillo se había

interrumpida interrupted

novillo young bull

tropecé I stumbled

con mucho cuidado very carefully
casa de campo country home
tobillo ankle

segura de que sure that

sonrojo blush

conmoverlo to move him

fracturado. Me pusieron en un auto y el muchacho se sentó a mi lado. Su tío conducía el auto. No fue muy amable; parecía ansioso de llegar para verse libre de mí ... Y por primera vez comprendí por qué a mi hermana no le gustó aquel ogro.

Mi llegada a casa fue terrible. El grito de mamá, al verme pálida en los brazos de un joven extraño, causó conmoción. Sólo mi hermana no perdió la calma, ayudó a acostarme en mi cama, y aceptó cuando su enemigo ofreció ir a buscar un médico.

*   *   *

Dos semanas después yo estaba mucho mejor; pero aún permanecía en cama. No me importaba mucho, porque Juan Luis (el muchacho se llamaba Juan Luis) venía a verme todas las tardes. Me contaba su vida: cuando murieron sus padres, fue educado por su tío soltero, que le hizo estudiar ingeniería. Cuando terminó sus estudios, su tío le trajo a pasar el verano en aquella casa de campo que poseía cerca del mismo pueblo donde nosotros vivimos.

El ogro, su tío, le acompañaba todas las tardes a mi casa, no sé por qué, pues apenas me hablaba.

Una tarde, mi hermana tocaba el piano en la sala junto a mi habitación. Pero de pronto dejó de tocar en medio de una pieza y yo esperé en vano que continuara. Al fin, cansada de esperar, rogué a mi amigo:

— Juan Luis, llévame al sofá de la sala.

Tomándome con mucho cuidado en sus brazos, me llevó. Mi hermana, la mujer fuerte, la que despreciaba a los hombres, estaba al lado de aquel

conducía was driving

ansioso de llegar anxious to get there

verse libre de mí get rid of me

llegada arrival

acostarme en mi cama put me to bed

soltero bachelor

le hizo estudiar had him study

ingeniería engineering

casa de campo country home

dejó de tocar she stopped playing

que continuara for her to continue

con mucho cuidado very carefully

despreciaba scorned

ogro. ¡Y ella le miraba con una mirada suave en sus largos ojos!

Tengo novio I am engaged

— Pilaruchi — dijo. — ¡Ya estarás contenta! ¡Tengo novio al fin!

El ogro, con voz suave, pero firme, me informó:

— Sí, y vamos a casarnos dentro de tres meses . . . ¡Y bendito el día en que te caíste!

bendito el día en que te caíste bless the day you fell down
qué cuñado más ocurrente what a witty brother-in-law

¡Qué gracioso! ¡Pero qué cuñado más ocurrente voy a tener! Afortunadamente, su sobrino añadió:

ser novios be engaged

— ¿Cuándo vamos a ser novios nosotros, Pilaruchi?

decirle que sí say yes

Y . . . he tenido que decirle que sí. Por dos razones: la primera, porque lo quiero mucho; y la segunda, porque ahora, yo soy la que corre peligro de quedarse solterona, ¡y eso no! ¡Antes de eso, me casaré!

la que corre peligro the one who is in danger
eso no that won't do

Adapted from "Tengo una hermana solterona" by Josefina Rivas.

14

Una docena de pañuelos

JOSÉ GUARÍN

¿Recuerdas, Ricardo, cuando yo estuve en Bogotá a comprar en tu almacén algunos artículos para vender en mi tienda, y me vendiste una docena de pañuelos "rabo de gallo"? Me cobraste cinco pesos por ellos y casi no me quedó dinero con qué comprar el azúcar, el percal y los demás artículos que necesitaba.

Tomé mi docena de pañuelos, compré el percal y otras cosas a crédito y salí para mi pueblo. Estudié por el camino lo que iba a decir a los indios que vendrían a comprar a mi tienda, para obtener de ellos una ganancia de doscientos por ciento en mis pañuelos. Soñé con un nuevo viaje a Bogotá a traer más pañuelos y con un viaje a Europa cuando me hubiera hecho rico con mi tienda.

El jueves llegué a mi pueblo; el viernes era día de mercado, el día en que venían todos los indios al pueblo. Muy temprano por la mañana fui a mi tienda, que está en la plaza, y empecé a arreglarlo

una docena de pañuelos one dozen handkerchiefs
almacén wholesale store

pañuelos "rabo de gallo" bandanna handkerchiefs
casi no me quedó dinero I almost didn't have enough money left
azúcar sugar

ganancia profit
doscientos two hundred
por ciento percent
Soñé con I dreamed of

cuando me hubiera hecho rico when I had become rich

día de mercado market day

por la mañana in the morning
arreglarlo todo arrange everything

89

todo. Conté los pañuelos que había traído, los colgué en la puerta y me senté a esperar.

No tuve que esperar mucho. Un indio se acercó y preguntó:

— ¿Cuánto vale ese pañuelito?

— Vale cinco reales — le contesté. — Es un pañuelo "rabo de gallo" muy fino.

— ¡Cinco reales!

barato cheap

— Un buen pañuelo como ése, es muy barato por cinco reales.

último precio lowest price

— ¿Cuánto es el último precio?

— Cinco reales.

dos reales y medio two and a half reales

— Le daré dos reales y medio.

— No es posible — contesté.

— Dos y medio, señor.

rebajar come down

— Sólo puedo rebajar medio real.

Sin decir nada, el indio salió.

"Ricardo no sabía que no es lo mismo vender allá en su gran almacén, en Bogotá, que vender a los indios en una de estas tiendas", pensé.

La tienda empezó a llenarse de indios.

cambiarme este peso change this peso for me

— ¿Puede usted cambiarme este peso? — preguntó uno de ellos.

al principio at first

— ¿Cuánto es el último precio del pañuelito? — volvió a preguntar el indio que había venido al principio.

Después que After

— Cinco reales. Después que usted se fue he vendido tres.

Si me rebaja el precio If you come down on the price

— Si me rebaja el precio, lo compraré.

— No puedo.

— ¿El percal? — preguntó una india.

la vara a yard

— A dos reales y medio la vara.

— Déjeme verlo.

— Es muy fino y ancho.

— Pero como un colador — dijo la india, después de restregarlo. — ¿Cuál es el último precio? Quiero comprar media vara.

5 — Es a dos y medio la vara. Y usted, ¿quiere el pañuelo? — pregunté al indio.

En ese momento entró una criada y dijo:

— Mi ama doña Eduvigis le manda recuerdos y dice que si trajo percal fino, que le mande una pieza para verla, y que no venda usted los pañuelos bonitos porque quiere comprar uno.

colador sieve
después de restregarlo after rubbing it

dos y medio two-fifty

ama mistress

que le mande to send her
que no venda usted for you not to sell

— Dígale que sólo traje una pieza de percal y que de ésa estoy vendiendo.

— Adiós, señor.

— Recuerdos a la señora.

Yo sólo había vendido real y medio en toda la mañana y ya eran las nueve.

mercado market place

El ruido del mercado y de la tienda empezaba a molestarme; además, una india se había sentado junto a la puerta con varios cochinos que chillaban constantemente. Pensé en comprarlos para no oír los chillidos.

cochinos pigs
chillaban were squealing

chillidos squeals

En bajar In getting down

En bajar piezas de percal, y volver a colocarlas en su sitio, y contestar preguntas de todos los que llegaban a la tienda, pasaron varias horas.

En la plaza, los indios que traían artículos para vender gritaban:

maíz corn

— ¡Maíz a siete reales!

— ¡A seis! — decía otro.

— ¡Carne a cuatro reales!

me preparé I got ready

almorzar have lunch

Cansado al fin de tanto ruido, me preparé para cerrar la tienda e ir a almorzar. Cuando iba a cerrar la puerta, llegó otra vez el indio del pañuelo y me dijo:

— No cierre usted, véndame el pañuelito.

— No, tengo que ir a almorzar. Además, he vendido casi todos los pañuelos.

india gorda fat Indian woman

Y cerré la tienda. Al salir, vi que una india gorda acompañaba al indio.

Mientras almorzaba, pensaba que en toda la mañana no había vendido un solo pañuelo. Los castillos en el aire se venían abajo. El nuevo viaje a Bogotá a traer más pañuelos y otras cosas para la tienda, y mi viaje a Europa cuando me hubiera

se venían abajo came tumbling down

cuando me hubiera hecho rico when I had become rich

hecho rico, parecían muy distantes. Pensando en
la insistencia del indio que quería el pañuelo y
recordando a la india gorda que lo acompañaba
cuando él volvió a la tienda, comencé a hacer planes en los que figuraba la criada que me servía el
almuerzo.

figuraba had a part

Antes de volver a la tienda, di instrucciones a
la criada.

Lo primero que hice fue ocultar los pañuelos,
dejando sólo dos colgados; después salí a la puerta
y llamé a un muchacho. Le ofrecí un caramelo si
me ayudaba en mi plan y cuando lo había arreglado
todo, me senté a esperar.

Lo primero The first thing

cuando lo había arreglado todo when I had everything arranged

El primero que entró fue el indio con la india
gorda.

— Mire — le dije al verlo — como no quiso comprar el pañuelo esta mañana, ya sólo queda uno;
ése otro ya está vendido.

— ¡Qué lástima! — dijo la india — y ése era el
mejor.

En aquel momento un muchacho llegó corriendo
y dijo:

— La señorita Juanita Castro le manda los seis
reales que le debe por el pañuelo y dice que si
usted tiene otro, que se lo aparte, que después man-
dará por él.

que se lo aparte to put it aside for her

— ¿Quieren ustedes el pañuelo? Si no, ya ven
que voy a venderlo — dije a los indios.

— ¡Pero seis reales! Esta mañana me lo ofrecía
por cuatro y medio — protestó el indio.

— Y no quiso comprarlo; ahora, ni un centavo
menos.

— ¿No puede rebajar el precio un poco, señor?

— No, no puedo.

El indio empezó a sacar el dinero real por real; luego lo echó sobre el mostrador; conté el dinero, y había cinco y medio.

— Falta medio real.

— Rebaje ese medio real, señor.

— No puedo; si no lo quieren, está bien.

Al salir la india When the Indian woman was leaving

guardados put away
agradecida grateful

Al fin, sacó el otro medio real. Al salir la india, le dije que yo tenía dos más guardados, y que si necesitaba más, le vendería uno. Muy agradecida salió de la tienda, mientras entraban otros. Cuando éstos me ofrecían dos reales y medio por el pañuelo, entró la criada y me preguntó cuánto valía.

— Ya no quiero venderlo — le contesté. — Sólo queda ése y lo necesito.

Me rogó She begged me

Me rogó con seis reales que echaba sobre el mostrador, pero no quise venderlo.

Cuando los indios me habían rogado varias veces, les vendí el pañuelo. Así estuve toda la tarde sos-

falsa posición false pretense

teniendo esa falsa posición, para vender a los indios los pañuelos. Nueve pesos obtuve de la docena de pañuelos "rabo de gallo" y han seguido pidiendo los mismos pañuelos durante dos semanas. Gracias

trampas tricks

a mis trampas y a la ayuda del muchacho y de la criada, porque si no, Ricardo, ahí tendría todavía tus pañuelos.

Después de esta verdadera historia de lo que significa vender en una de estas tiendas, ¿me cobrarás

me duelen hurt me

tanto por otra docena de pañuelos? Todavía me duelen los cinco pesos que te di por ellos, aunque obtuve cuatro pesos más de los indios, por medio de mis trampas.

Adapted from "Una docena de pañuelos" by José Guarín.

15

Peyo Mercé enseña inglés

ABELARDO DÍAZ ALFARO

Con un gesto de indignación, Peyo Mercé, el viejo maestro de escuela del barrio La Cuchilla, tiró a un lado la carta que acababa de recibir del supervisor de escuelas. El supervisor, Rogelio Escalera, le ordenaba que redoblara sus esfuerzos y enseñara inglés, mucho inglés. Si no, "tendría que tomar medidas no muy agradables para él, pero necesarias para el progreso de la educación en Puerto Rico". Con la carta recibió también unos libros extraños con láminas a colores que mostraban unos niños bien alimentados y mejor vestidos.

Peyo cogió uno de los libros. En letras negras aparecía el título: *Primer.* — *Primer,* — murmuró, — eso debe de derivarse de primero, lo cual quiere decir que con este libro debo comenzar mi vía crucis. ¡Imagínese a Peyo Mercé enseñando inglés en

gesto gesture

barrio district

que redoblara to redouble
medidas measures

láminas a colores color illustrations
alimentados nourished

título title

quiere decir means
vía crucis Way of the Cross

inglés! Pero voy a tener que hacerlo; tengo que
ganarme la vida. Si yo no lo hablo bien, ¿cómo
voy a enseñarlo a mis alumnos? Pero Mister
Escalera quiere inglés, y lo tendrá como guste. — Y
5 hojeó rápidamente las páginas del nuevo libro.

La indignación que le había producido la carta
del supervisor fue desapareciendo al escuchar el
ruido de los niños que entraban en el viejo salón
de clase. Eran niños campesinos mal alimentados,
10 con sus viejos trajes manchados de plátano, su pelo
quemado por el sol y sus pies cubiertos del rojo
barro de los campos. Los quería como si fueran
sus hijos, y porque eran jíbaros pobres como él.
— Buenos días, don Peyo, — le decían mientras
15 entraban y se sentaban en sus bancos-mesas. A
Peyo no le gustaba que le llamaran *mister*. "*Mister*
me sabe a *chuingo* y a otras guazaberías que ahora
nos venden los americanos".

Se asomó a la ventanita y observó el verde de
20 los cerros cubiertos de tabacales, sobre los cuales
colgaban unas nubes blancas. En la llamarada de
las rojas flores de unos bucayos, los mozambiques
quemaban sus alas negras. Hubiera preferido darle
a su clase una lección sobre la tierra fecunda. Le
25 molestaba tener que enseñar una cosa tan árida
como un inglés de *Primer*.

Se dirigió al frente de la clase. Hojeó otra vez las
páginas del extraño libro. No encontraba en él
nada de interés para sus alumnos campesinos. Con
30 alegría descubrió una lámina donde aparecía un
crestado gallo de frondoso rabo y largas y curvas
espuelas en las cuales un isabelino podía dormir la
la noche. "Muy bien, mis muchachos tendrán hoy

ganarme la vida earn my living

como guste as he wishes

hojeó he turned

salón de clase classroom
niños campesinos country children
mal alimentados undernourished
manchados de plátano banana-stained

barro clay

jíbaros country fellows

bancos-mesas bench-desks

que le llamaran for them to call him
me sabe a smacks of
chuingo chewing gum
guazaberías junk

Se asomó a He looked out
cerros hills
tabacales tobacco fields
llamarada blaze

bucayos coral bean trees
mozambiques blackbirds
quemaban sus alas negras were scorching their black wings
fecunda fruitful
árida dry

Se dirigió He went
Hojeó He turned

lámina illustration
crestado gallo high-combed rooster
de frondoso rabo with a luxuriant tail
espuelas spurs
isabelino little fighting gamecock

gallo en inglés". Y un poco más animado, comenzó serenamente su clase.

— *Well, children, wi are goin to talk in inglis tuday.* — Y mientras estas palabras extrañas salían de su boca, miraba los rostros asombrados de los niños.

— *¿Understan?*

respuesta reply

reprender to scold

El silencio fue la respuesta a su pregunta. A Peyo le hubiera gustado reprender a la clase, ¿pero cómo iba a hacerlo en inglés? Y volvió a asomarse a la ventanita, por la cual entraba el sol de la mañana.

calandria lark

Una calandria cruzaba el cielo azul — pétalo negro en el viento. Y sintió aun más su miseria. Tenía un gran deseo de estar libre también.

ensayar practice

Aprovechó el momento para ensayar la pronunciación de la palabra que iba a enseñar. Y haciendo un grotesco sonido semejante a un estornudo, pronunció: — *Rooster, rooster, rooster.* — Y disgustado comentó: — ¡Idioma del diablo!

sonido sound
estornudo sneeze

¡Idioma del diablo! What an awful language!

salón classroom

inexplicable unexplainable

últimos estudios latest studies

Y decidió probar un método algo diferente de lo que recomendaban los expertos. Había un silencio absoluto en el salón. Peyo era querido y respetado por sus alumnos. ¡Algo inexplicable para el supervisor Rogelio Escalera! Peyo sabía poco de los últimos estudios sobre la personalidad del maestro y la psicología del niño. No le gustaba asistir a las "clases modelo" en lo cual el supervisor insistía.

— Bueno, muchachos, vamos a hablar hoy un poco en inglés. — Y mientras las palabras salían con dificultad de su boca, pensó hacer un discursito sobre la necesidad de aprender inglés. Pero la sinceridad era su mayor defecto como maestro.

pensó hacer he thought about making
discursito little speech

como maestro as a teacher

Peyo trató de recordar algunos de los *devices* que se recomendaban en los libros sobre la enseñanza del inglés, pero todos sus esfuerzos eran inútiles. Y sus alumnos se asombraron al escuchar estas palabras: — ¡Qué paraíso sería esto, si no fuera por el supervisor! — Y convencido de que no le sería posible conducir la clase en inglés, decidió hacer una mixtura.

Levantó el libro sobre las cabezas de sus alumnos y mostró la lámina en que aparecía el orgulloso gallo. — Miren, *this is a rooster*. Repitan. — Y los muchachos empezaron a repetir la palabra en forma inarmónica: — *Rooster, rooster, rooster*. — Y Peyo gritó: — ¡Más despacio, esto parece una gallera!

Cesaron las voces. Peyo estaba sudando. Se asomó otra vez a la ventanita. Necesitaba aire, mucho aire. Se fijó en la quebrada cercana. Y envidió al muchacho que sumergía la cara en las aguas frescas.

Decidió terminar la lección lo más pronto posible: — Ya ustedes saben: *rooster* es gallo en inglés, en americano. — Y volvió a mostrarles el vistoso gallo. — Esto en inglés es *rooster, rooster* es gallo. Vamos a ir poco a poco, porque así se doma un potro. ¿Qué es esto en inglés, Teclo? — Y Teclo, que miraba asombrado aquel gallo extraño, tan diferente de los gallitos de pelea de la Cuchilla, tímidamente respondió: — Ése es un gallo pava. — Y el viejo salón se estremeció con las risas de los niños. Peyo, tratando de contener la risa, comentó severamente:

— Yo lo sabía, éste se cuela en la gallera de don

---

enseñanza teaching

se asombraron were astonished
paraíso paradise
convencido de convinced
conducir to conduct

orgulloso gallo proud rooster

en forma inarmónica in an inharmonious way

gallera cockfight pit
sudando sweating

quebrada brook
envidió he envied
sumergía was dipping

lo más pronto posible as soon as possible

vistoso colorful

poco a poco little by little
así se doma that's the way you break
potro colt

gallitos de pelea little fighting gamecocks
pava turkey hen

se estremeció shook
contener la risa keep from laughing

se cuela sneaks

doméstico barnyard

"mondao" (mondado)
    cropped
gallos de pelea fighting
    roosters

cantilena singsong

complacido pleased
Repartió He distributed

vistoso colorful

para sí to himself
O . . . o Either . . . or
pepita the pip

lo último the last straw

renuncia resignation
el pan nuestro de cada
    día our daily bread

canta el gallo does the
    rooster crow

gimió wailed

gallo manilo americano
    big american barnyard
    rooster
girito little yellow game-
    cock

Cipria. ¡Gallo pava! Éste es un gallo doméstico,
un gallo respetable, no un gallo "mondao" como
esos gallos de pelea.

Y volvió a inquirir:

— ¿Qué es esto en inglés? — Y los niños repitieron la monótona cantilena: — *Rooster, rooster,
rooster.* — Y Peyo se sintió complacido. Repartió
algunos libros y les pidió que los abrieran en la
página en que se contaba la historia del vistoso gallo.
— Vamos a leer un poco en inglés. — Los muchachos
miraban con sorpresa la página y apenas podían
contener la risa.

Y con dificultad Peyo leyó: — *This is the rooster,
the rooster says coocadoodledoo.* — Y dijo para sí:
"O ese gallo tiene pepita, o es que los americanos no
oyen bien". Aquello era lo último. Hasta pensó
presentar su renuncia. Pero pensó en el pan nuestro
de cada día.

— Lean conmigo: *The rooster says coocadoodledoo.* — Y las voces temblaban en el viento de la
mañana.

— Está bien. Tellito, ¿cómo canta el gallo en
inglés?

— No sé, don Peyo.

— Pero mira, muchacho, acabas de leerlo . . .

— No — gimió Tellito, mirando la lámina.

— Mira, tonto, el gallo dice *coocadoodledoo.*

Y Tellito, excusándose, dijo:

— Don Peyo, tal vez el gallo manilo americano
cante así, pero el girito de mi casa dice *cocoroco* muy
claro.

Peyo olvidó todo su dolor y se echó a reír. Su
risa fue acompañada de la de los niños.

Asustado por el ruido, el camagüey de don Cipria batió las tornasoladas alas y tejió en la seda azul del cielo su *cocoroco* claro y metálico.

camagüey multicolor gamecock
batió flapped
tornasoladas iridescent
tejió wove
seda silk

Adapted from "Peyo Mercé enseña inglés" by Abelardo Díaz Alfaro.

16

Prejuicio

LUIS MUÑOZ MARÍN

prejuicio prejudice
lejana distant

pequeña casita tiny little house

por lo menos at least

por lo tanto therefore

leídos well-read

Fulano, Sutano (y Perencejo) Tom, Dick (and Harry)

parnaso Parnassus (home of the Muses)

acontecimiento event

forastero stranger
morada dwelling place
musas Muses

En una edad no muy lejana, vivía un hombre cuya fortuna era moderada. Tan moderada era, que apenas tenía suficiente para vivir solo en su pequeña casita y comer frugalmente.

No era amigo de nadie, y sin embargo, era por lo menos en apariencia un hombre bueno y honrado. Nadie jamás había podido decir nada malo de él. Su negocio era en pequeña escala y, por lo tanto, honesto. Se ocupaba en satisfacer el apetito literario de los leídos del pueblo. El apetito literario de éstos era bastante limitado; y sin embargo, para que la gente dijera "Fulano o Sutano tiene una gran pasión por los libros", todos los Fulanos, Sutanos y Perencejos compraban los volúmenes que Joaquín Rotero, nuestro protagonista, vendía.

Había llegado a este incomparable parnaso hacía cerca de veinte años. Su llegada había sido un acontecimiento; primero, porque era el primer forastero que invadía la santa morada de aquellas musas pálidas en más de diez años; y segundo, porque venía en una mula que nunca había sido vista en aquella región. Hasta entonces la mula del correo y las dos del alcalde eran las únicas que podían subir por las escabrosas montañas, entre las cuales alguien había tenido la pintoresca, pero no muy práctica idea, de fundar el pueblo, al que habían dado el nombre de Babel.

las únicas the only ones
escabrosas rugged
pintoresca picturesque
fundar found

¡Un acontecimiento!

Don Joaquín alquiló una pequeña casa. Allí vivía solo con su pequeño equipaje que consistía de cuatro cajas que había traído en su famosa mula.

alquiló rented
equipaje equipment
cajas boxes

Dos meses después de haber llegado, salió vendiendo una obra de Víctor Hugo, titulada *El 110*. El volumen contenía más o menos cincuenta páginas y se vendía a dos pesos.

titulada entitled

Hizo un gran negocio; vendió noventa y tres ejemplares, de los cuales le pagaron casi la mitad. Así fue que noventa y tres personas leyeron la obra maestra de Víctor Hugo, de la cual, *desde luego, habían oído hablar.*

noventa y tres ninety-three
ejemplares copies
obra maestra masterpiece
habían oído hablar they had heard

— Y se fundó una sociedad literaria, cuyo propósito era leer y discutir *El 110*, y cuya constitución contenía una cláusula que obligaba al diez por ciento de los socios a prestarles sus futuros libros al otro noventa por ciento.

discutir discuss
cláusula clause
por ciento percent
socios members

Cuando don Joaquín fue informado de esta cláusula — que había pasado por una mayoría del noventa contra el diez por ciento de los socios — el pobre señor pasó la zarza y el guayacán.

mayoría majority
pasó la zarza y el guayacán had a fit

Pensó en marcharse, pero habiéndose quedado dormido en una silla, soñó que el espíritu de Víctor Hugo lo estaba buscando, y decidió permanecer en su escondite.

habiéndose quedado dormido having fallen asleep
escondite hiding place

Un mes más tarde, salió vendiendo otro libro.
Éste era de Alejandro Dumas y se titulaba *El
Duque de Jesucristo*.

en venta on sale

lector reader

agrietada cracked

publicó he published

El día en que lo puso en venta fue el mismo, si
el lector lo recuerda, en que la tumba de Dumas en
París apareció misteriosamente agrietada.

Más tarde publicó otro de Víctor Hugo y otro
de Dumas y uno de Molière y otro de Artagnan
y otro de Romeo. En fin, don Joaquín había pasado

alimentando nourishing

la décima parte one
tenth

los últimos veinte años alimentando literariamente
a la décima parte de la sociedad, y nadie sabía de
dónde venían los libros.

De vez en cuando From
time to time

De vez en cuando salía con su mula y regresaba
con dos o tres cajas, las que depositaba en el misterioso interior de su casa.

Y vendía libros y más libros.

Y el diez por ciento de los socios del club literario leían y releían aquellos libros, y después los
prestaban, y el otro noventa por ciento los leían y
releían y daban conferencias sobre ellos. Todos

gusto taste

proclamaban el buen gusto literario de don Joaquín,
quien — decían — sólo vendía las mejores obras de
los mejores autores. Obras maestras todas.

Don Joaquín empezó a hacer un poco de dinero.

librería bookstore

Aquel pueblo no era un pueblo; era una librería.

Un día se puso en venta un libro cuyo autor era
don Joaquín. Contenía cuatrocientas páginas y

encuadernado bound

frunció el ceño frowned

estaba mejor encuadernado que los otros.

El presidente de la sociedad literaria frunció el
ceño y le dijo al autor que su libro, aunque no lo

Cómo se atrevía How
dared he

humilde humble

había acostumbrado al
público he had gotten
the public used

había leído, debía de ser horrible. ¿Cómo se
atrevía a poner en venta un libro de tan humilde
origen, cuando por veinte años había acostumbrado

al público a leer las obras maestras de los mejores autores? ¿Creía él que la sociedad literaria de Babel iba a malgastar su tiempo — y su dinero — leyendo sus modestos trabajos?

¡Esto era un insulto a los socios del club y al pueblo en general! Convocaría a una sesión para tratar el asunto.

La convocó.

Se acordó unánimemente no comprar más libros al atrevido don Joaquín, y aumentar la cuota de cada socio para mandar a buscar libros a la ciudad más cercana, que ciertamente estaba bastante remota. Se acordó también, tal era la furia del club literario, quemar públicamente todos los libros vendidos por el delincuente y mandar a buscar ejemplares idénticos a la ciudad para la biblioteca del club.

Al pobre don Joaquín los muchachos del pueblo le tiraban piedras, los hombres lo amenazaban y las mujeres se reían en su cara y decían: "¡Ese pretencioso!"

Dos días después, desapareció el pobre hombre, y hay quien le vio salir en su mula; hay quien le vio arrojarse al río; y hay quien vio al diablo surgir de la tierra y llevárselo en los brazos.

La desaparición de don Joaquín no causó tanta sensación como su aparición, pues como la mayoría creía que se lo había llevado el diablo, su partida perdió su originalidad y por lo tanto su derecho al título de "acontecimiento".

El hecho es que mucho tiempo después, el presidente del club literario recibió dos cartas.

Una era del librero de la ciudad y decía

---

malgastar waste

Convocaría a una sesión
He would call a meeting
tratar deal with

Se acordó It was agreed

aumentar raise
cuota dues
mandar a buscar send for

furia rage

delincuente culprit

ejemplares copies
biblioteca library

pretencioso show-off

quien somebody who

arrojarse a jump into
surgir de rise up from
llevárselo carry him off

desaparición disappearance
aparición appearance

partida departure

por lo tanto therefore

mucho tiempo a long time

librero bookseller

ni ... ni either ... or
(in negative
sentences)

nos preciamos de we
pride ourselves on
se publica is published

"No tenemos ni *El 110* ni *El Duque de Jesucristo,* ni las obras de Artagnan ni las de Romeo; y
sin embargo, nos preciamos de tener todo libro
bueno que se publica.

Sinceramente,   5

X. X. X."

La otra era de don Joaquín; decía:

querido dear

ya que since
tan conocedor such a
connoisseur
lo bueno what's good

de paso incidentally

conocidos well-known
por lo menos at least
habrían llegado a los
oídos de had probably
been heard by
compueblanos fellow-
townsmen
novelescos fictional

no es otro sino is none
other than
mosqueteros musketeers

"Mi querido presidente:

Debo informarle, ya que usted es tan conocedor
de lo bueno, que *El Duque de Jesucristo, El 110* y   10
las otras obras de Artagnan, Molière y Romeo
sólo son creaciones mías, y, de paso, bastante malas;
todas fueron escritas por mí y les daba los nombres
de conocidos autores o por lo menos de héroes de
novela, porque sabía que esos nombres habrían   15
llegado a los oídos de sus compueblanos y sabrían
que eran de personajes famosos — reales o novelescos.

Además, debo decirle que el libro al que di mi
nombre, y cuyo título usted ni siquiera leyó, no es
otro sino *Los tres mosqueteros* de Alejandro   20
Dumas.

Suyo con mi más sincera lástima,

Joaquín Rotero".

El presidente del club literario fue enterrado en
el panteón de sus padres.

enterrado buried

panteón tomb

Adapted from "Prejuicio" by Luis Muñoz Marín.

EXERCISES

I. Gibraltar
(Pages 1–6)

I. Answer in Spanish (complete statements):

1. ¿Cómo se llama el perro? 2. ¿Quién es su dueña? 3. ¿Es morena o rubia la muchacha? 4. ¿Son sus padres ingleses o españoles? 5. ¿Por qué a Robertito no le gusta la señorita Woken? 6. ¿Cuántos años tiene el chico? 7. ¿Qué quiere ser cuando sea mayor? 8. ¿Es millonario su padre? 9. ¿Quiénes están sentados a la mesa a la hora del almuerzo? 10. ¿Por qué dice Mari-Nieves que su padre es malo? 11. ¿Qué pregunta Robertito? 12. Según don Roberto, ¿qué es política? 13. ¿Por qué protestan los estudiantes? 14. ¿Por qué cree el chico que Gibraltar es suyo? 15. ¿Tiene razón Robertito? ¿Por qué?

II. Use in simple original sentences and translate into English:

1. cerca de	3. en seguida	5. tienen razón
2. me gustan	4. al (entrar)	6. es verdad

III. Supply the correct form of the present indicative for the verbs in parentheses and read the completed sentences aloud:

1. ¿Dónde (**estar**) Gibraltar?
2. Los ingleses lo (**tener**).
3. La muchacha (**jugar**) con su perro.
4. Yo no (**saber**) dónde nació.

   5. Robertito (**decir**) que es suyo.
   6. La familia (**vivir**) en Madrid.
   7. El padre (**ser**) abogado.
   8. Robertito (**ir**) a ser médico.
   9. ¿A usted le (**gustar**) los ingleses?
   10. Los estudiantes están (**gritar**).
   11. La radio dice, "Nosotros, los españoles, (**querer**) Gibraltar".
   12. Tú no (**entender**) lo que es política.
   13. La joven (**correr**) tras el perro.
   14. El niño (**preguntar**) a quién pertenece Gibraltar.
   15. Los padres se (**mirar**) sorprendidos.

2. La propina
(Pages 7–13)

I. Answer in Spanish (complete statements):

   1. ¿Quién es Octavio Palomares?   2. ¿Quién le envía la invitación?   3. ¿Por qué está tan alegre?   4. ¿Dónde encuentra la
invitación?   5. ¿A qué hora sale el tren?   6. ¿Qué le ofrece
Palomares al chofer?   7. ¿Por qué no le da la propina?
8. ¿Cómo alcanza Palomares el tren?   9. ¿Quiénes lo animan
en su carrera?   10. ¿Cómo puede subir al tren?   11. ¿A qué
departamento lo llevan?   12. ¿Cómo es la hija de Mr. Duncan?
13. ¿Qué opinión tiene Mr. Duncan del joven?   14. ¿Quién
baja del último coche en el pueblo de doña Petronila?   15. ¿Qué
dice el telegrama?

II. Use in simple original sentences and translate into English:

   1. se pone (el sombrero)   3. nos detenemos   5. a las (ocho)
   2. otra vez   4. hay   6. a tiempo

III. Say in Spanish:

   1. The train is leaving at one o'clock.   2. I have five minutes
to get ready.   3. The station is not near my house.   4. It is very

late.   **5.** I take a taxi to the station.   **6.** When we arrive, the train has left.   **7.** The taxi driver wants a tip.   **8.** I can not give it to him.   **9.** I have left my wallet in my room.   **10.** He does not like it.

3. El último censo
(Pages 14–19)

I. Answer in Spanish (complete statements):

1. ¿Dónde está la casita?   **2.** ¿Qué hace el perro?   **3.** ¿Es vieja o joven la señora?   **4.** ¿Qué quiere el joven?   **5.** ¿Quiénes viven en la casa?   **6.** ¿Cómo se llama la señora?   **7.** ¿Cuántos años dice que tiene?   **8.** ¿Qué diversión le gusta?   **9.** ¿Dónde vive el novio de Noemí?   **10.** ¿Quién está enamorando a Nélida? **11.** ¿Es soltero o casado el joven que hace el censo?   **12.** ¿Cuántos hijos tiene?   **13.** ¿Qué contesta el joven cuando la señora le pregunta cuánto gana?   **14.** Al fin, ¿qué hace el joven?   **15.** ¿Qué exclama la señora?

II. Use in simple original sentences and translate into English:

1. en casa   **3.** se llaman   **5.** hacer una pregunta
2. todas (las noches)   **4.** desde luego   **6.** tenemos que

III. Complete the following dialogue between you and the young man who is taking the census. Practice this dialogue with another student:

JOVEN: Vamos a llenar la planilla. ¿Cómo se llama usted?
USTED:
JOVEN: ¿Es soltero (soltera) o casado (casada)?
USTED:
JOVEN: ¿Dónde vive?
USTED:
JOVEN: ¿Cuántas personas hay en la familia?
USTED:

JOVEN: ¿Quiénes son?

USTED:

JOVEN: ¿Cuántos años tiene usted?

USTED:

JOVEN: Dígame el día, el mes y el año en que nació.

USTED:

JOVEN: ¿Dónde nació?

USTED:

JOVEN: ¿Tiene algún empleo?

USTED:

JOVEN: ¿Cuánto gana?

USTED:

JOVEN: Si es estudiante, ¿a qué escuela asiste?

USTED:

JOVEN: ¿Cuál es su diversión favorita?

USTED:

JOVEN: Muchas gracias, eso es todo. Adiós.

USTED:

4. Papá y mamá
(Pages 20–25)

I. Answer in Spanish (complete statements):

1. ¿Qué está haciendo la madre de los niños?   2. ¿Cómo está
la noche?   3. ¿Dónde están los niños?   4. ¿A qué juegan?
5. ¿Qué pregunta el marido fingido cuando llega del trabajo?
6. ¿Qué responde la esposa?   7. Según Ramoncito, ¿qué hacen
las dos mujeres todo el día?   8. Según Juanita, ¿qué hacen ellas?
9. ¿Por qué se asusta Juanita?   10. ¿Qué hace el nene?
11. ¿Qué hace Juanita para defenderse?

II. Use in simple original sentences and translate into English:

1. después de	3. a casa	5. se cierra
2. de veras	4. todo el día	6. de pronto

III. State in Spanish why each of the following is true or false:

1. Juanita es la esposa fingida. 2. Ramoncito no está apurado.
3. Ramoncito es menor que su hermana. 4. Juanita dice que
tiene que trabajar mucho. 5. Juanita cree que es fácil encontrar criadas. 6. Según Ramoncito, los hombres van sentados en
el tranvía todos los días.

5. Justicia salomónica

(Pages 26–31)

I. Answer in Spanish (complete statements):

1. ¿Dónde están sentados Bermúdez y su esposa? 2. ¿Qué hace
el gato? 3. ¿Por qué protesta el marido? 4. ¿Qué responde
su esposa? 5. ¿Dónde cae un pedazo de la sopera? 6. ¿Dónde
cae el gato? 7. ¿Qué hacen Bermúdez y Gancedo? 8. ¿Qué
declara el policía? 9. ¿Por qué no puede ser testigo Cenobita?
10. ¿Cómo decide el caso el juez? 11. ¿Por qué no han apelado
Bermúdez y Gancedo?

II. Use in simple original sentences and translate into English:

1. se van	3. qué (bueno)	5. lo que
2. asistir a	4. en vez de	6. reírse de

III. Supply the correct form of the present indicative of **ser** *or* **estar**
and read aloud:

1. La esposa _____ sentada junto a la ventana. 2. La comida
_____ fría. 3. Gancedo _____ más fuerte que Bermúdez. 4. Eso
no _____ verdad. 5. Los hombres _____ muy enojados. 6. ¿_____
cobarde el esposo de Cenobita? 7. Las mujeres no pueden
_____ testigos de sus maridos. 8. ¡Qué ignorantes _____ ustedes!
9. No saben que la capital _____ muy lejos. 10. Ellos _____
peleando.

6. Mi doble y yo
(Pages 32–37)

I. Answer in Spanish (complete statements):

1. ¿Dónde nació Robert Gardner? 2. ¿Cuál es su profesión?
3. ¿Gana mucho dinero su doble en España? 4. ¿Por qué es
tan monótona su vida? 5. ¿Qué le dice el portero al salir del
teatro? 6. ¿Cómo lo reciben en el pueblo? 7. ¿Qué le pregunta una de las muchachas? 8. ¿Habla bien el español?
9. ¿Dónde dice que lo aprendió? 10. ¿Qué papel hace en la
función? 11. ¿Qué opinión tienen de él las comadres del
pueblo? 12. ¿Cómo descubren la verdad? 13. ¿A quién encuentra en el coche del tren? 14. ¿Qué le dice el soldado?
15. ¿Qué hace aquella noche?

II. Use in simple original sentences and translate into English:

1. ahora mismo   3. dar un paseo   5. delante de
2. nací   4. detrás de   6. antes de

III. Say in Spanish:

1. I am writing a story. 2. The hero is a movie actor. 3. He
likes to dance. 4. He goes to a nearby town. 5. There are
four girls at the station. 6. They are very pretty. 7. They
show him the town. 8. Nobody knows him. 9. He doesn't
tell the truth. 10. He leaves the town.

7. Un mal negocio
(Pages 39–47)

I. Answer in Spanish (complete statements):

1. ¿Dónde vivía el americano? 2. ¿Cómo eran los indios?
3. ¿Qué quería Crescencio? 4. ¿Por qué no podía el americano regalar los perritos? 5. ¿Quién limpiaba la casa del americano? 6. ¿Por qué decía que no se sentía solo? 7. Según

Crescencio, ¿cómo era su hija? **8.** ¿Cuánto iba a ganar Eulalia?
9. ¿Cuánto pagó Crescencio por el perrito? **10.** ¿Por qué creía
que el perrito era caro? **11.** ¿Con qué peso lo pagó? **12.** ¿Por
qué fue el americano a la casa de Crescencio? **13.** ¿Por qué no
quería trabajar Eulalia? **14.** ¿Por qué no le devolvió Crescencio el peso al americano? **15.** ¿Qué opinión tenía el americano
del curso por correspondencia que estaba estudiando?

II. Use in simple original sentences and translate into English:

1. se acerca
2. sabe (leer)
3. sentados
4. dos veces
5. tenía (quince) años
6. está bien

III. Say in Spanish:

1. I was living in Mexico. 2. An American came to see me.
3. He sold me one of his dogs. 4. I gave the money to him.
5. I took the dog with me. 6. How much did it cost you?
7. Eulalia did not want to work. 8. She did not know how to
write. 9. You must feel lonely. 10. Did her father send her
to work?

8. Mireya Ronsard
(Pages 48–54)

I. Answer in Spanish (complete statements):

1. ¿Cómo imagina el profesor a Mireya? 2. ¿Cómo son los
muchachos de la clase? 3. ¿Cómo pasan sus días? 4. ¿Qué
travesura inventan? 5. ¿Por qué no tienen interés en la clase?
6. ¿Cómo es el professor? 7. ¿En qué piensa el señor Fernández
cuando llega al colegio todas las mañanas? 8. ¿Por qué siente
el profesor una gran desilusión al terminar la clase? 9. ¿Es
inteligente Cataruzza? 10. ¿Qué le pregunta el profesor a Mireya?
11. ¿Qué contesta ella? 12. ¿Cuál es la respuesta correcta?
13. ¿Por qué se sienta Mireya? 14. ¿Qué hacen los alumnos al
sonar el timbre? 15. ¿Qué tiene Mireya junto a la boca?

II. Use in simple original sentences and translate into English:

1. junto a   3. se quita   5. trato de
2. vuelvo a (salir)   4. tal vez   6. tienen suerte

III. Write a paragraph of about 100 words in simple Spanish (present tense) on: Mi clase de español.

9. En el ascensor
(Pages 55–59)

I. Answer in Spanish (complete statements):

1. ¿Cómo se llamaba la muchacha? 2. ¿Dónde vivía? 3. ¿Por qué siempre tenía prisa? 4. ¿Qué hizo el joven al oír sus pasos? 5. ¿Qué llevaba Chuchi en la mano? 6. ¿Por qué no podía hablar con ella? 7. ¿Por qué paró el ascensor? 8. ¿De qué color eran los ojos de Chuchi? 9. ¿Quiénes iban a jugar al tenis con ella? 10. ¿Por qué no tenía prisa en salir del ascensor?

II. Use in simple original sentences and translate into English:

1. por favor   3. salió de   5. la joven
2. tengo prisa   4. las dos y media   6. después de todo

III. Repeat the following sentences, changing the verbs in italics to the preterite:

1. Su amigo *viene* a verla. 2. Ella *llega* tarde. 3. Yo *hablo* con ella. 4. La chica me *invita* a jugar al tenis. 5. Yo desde luego *acepto*. 6. En seguida *bajan* en el ascensor. 7. No *comprendo* por qué tenía tanta prisa. 8. A las muchachas no les *gusta* esperar. 9. Se *echan* a reír. 10. No *tenemos* mucho tiempo. 11. ¿Te *permiten* ir al baile? 12. No lo *hacemos*.

10. El terrible efecto de una causa pequeña

(Pages 60–65)

I. Answer in Spanish (complete statements):

1. ¿A dónde había ido Guerrero?   2. ¿Por qué tuvo que registrar
la casa?   3. ¿Por qué encendió la lamparita?   4. ¿Qué vio en la
pared?   5. ¿Qué ruido oyó?   6. ¿Por qué estaba asustado Guerrero?   7. ¿Por qué se despertó su esposa?   8. ¿Qué hizo Guerrero
después de encender la luz eléctrica?   9. ¿Por qué se echó a reír
su esposa?   10. ¿Qué había producido la sombra en la pared?
11. ¿Qué había producido el ruido del collar?   12. Según
Guerrero, ¿cuál fue la causa de su pesadilla?

II. Use in simple original sentences and translate into English:

1. me eché a reír	3. me dormí	5. una vez
2. se acostaron	4. se siente	6. se atrevió a

*III. Supply the correct Spanish for the English words in parentheses
and read aloud.*

1. Guerrero fue a ver a *(a friend of his)*.
2. Su esposa *(was afraid)*.
3. *(That shadow)* parecía un ladrón.
4. ¿Por qué no podía *(get up)*?
5. Estaba seguro de que *(there)* había un ladrón.
6. *(His wife's necklace)* estaba en el tocador.
7. ¿Era *(hers)* el collar?
8. No era *(mine)*.
9. ¿Lo habían invitado *(his friends)* al banquete?
10. ¿Por qué no podía *(defend himself)*?
11. Su mujer *(woke up)*.
12. *(This)* es lo que pasó.
13. *(That)* es la historia.
14. Mi amigo *(told it to me)*.

II. Mi rival
(Pages 66–71)

I. Answer in Spanish (complete statements):

    1. ¿Cómo era la muchacha? **2.** ¿Cómo se llamaba? **3.** ¿Quién era el rival del novio? **4.** ¿Por qué estaba celoso el joven? **5.** ¿Qué leía su novia cuando fue a visitarla? **6.** ¿Quién era doña Adelaida? **7.** ¿Qué vieron en la casa de la bruja? **8.** ¿Quién les leyó la suerte? **9.** ¿Por qué arañó el gato al amigo de doña Adelaida? **10.** ¿Qué hizo doña Adelaida con el gato? **11.** ¿Qué hizo la joven con Michito? **12.** ¿Por qué lo regaló?

II. Use in simple original sentences and translate into English:

1. acabo de	**3.** me olvidé de	**5.** llamar por teléfono
2. a veces	**4.** se parece a	**6.** tan ... como

III. Write a short paragraph in Spanish (about 100 words) about a friend's cat or dog.

12. Reloj sin dueño
(Pages 72–81)

I. Answer in Spanish (complete statements):

    1. ¿De qué hablaban los periódicos? **2.** ¿Por qué se puso furioso don Félix? **3.** ¿A dónde fue el juez después de la siesta? **4.** ¿Qué hicieron los jueces después de salir del teatro? **5.** ¿A qué hora bajó don Félix del tranvía? **6.** ¿Quién chocó con él en la calle? **7.** ¿Por qué corrió el juez tras el borracho? **8.** ¿Qué le dijo cuando lo alcanzó? **9.** ¿Qué hizo el borracho? **10.** ¿Por qué estaba preocupada Otilia? **11.** ¿Qué le contó don Félix? **12.** ¿Qué iniciales tenía el reloj? **13.** ¿Por qué no podía ser don Antonio Bravo Caicedo el borracho? **14.** ¿Dónde había dejado el juez su reloj? **15.** ¿Cuáles son las iniciales de usted?

II. Use in simple original sentences and translate into English:

1. más tarde   3. vamos a (ver)   5. ¿Cómo es . . . ?
2. es preciso   4. me preocupa   6. se levantaron

III. Supply the correct form (preterite or imperfect) of the verbs in parentheses and read aloud.

1. El juez (*salir*) de la casa ayer a las cuatro.
2. Todas las tardes él (*dormir*) la siesta.
3. El juez se (*haber*) quedado trabajando en su oficina.
4. ¿Por qué (*decidir*) volver tarde aquella noche?
5. De pronto él (*ver*) un hombre que venía por una calle obscura.
6. Otilia (*estar*) llorando porque su esposo no había llegado.
7. ¿Qué (*hacer*) ella cuando sonó el timbre?
8. En seguida, don Félix y su esposa (*entrar*) en la habitación.
9. Al entrar en la habitación, ellos (*hallar*) el reloj en la mesa.
10. El reloj no (*ser*) el suyo.

13. Tengo una hermana solterona
(Pages 82–88)

I. Answer in Spanish (complete statements):

1. ¿Cómo era Pilaruchi? 2. ¿Cómo era su hermana? 3. ¿Por qué no quería casarse? 4. ¿A quién vieron cuando volvían del cine? 5. ¿Qué le dijo el hombre a la rubia? 6. ¿Qué miraba la rubia? 7. ¿Qué hizo Pilaruchi después de reñir con su hermano? 8. Cuando estaba sentada bajo el árbol, ¿quién llegó? 9. Al ver el novillo, ¿qué hizo Pilaruchi? 10. ¿Qué hizo el muchacho cuando ella cayó al suelo? 11. ¿Quién era el tío del muchacho? 12. ¿A dónde llevaron a Pilaruchi? 13. ¿Quién acompañaba a Juan Luis a la casa de Pilaruchi todas las tardes? 14. ¿Con quién se casó el ogro? 15. ¿Por qué decidió casarse Pilaruchi?

118   EXERCISES

II. Use in simple original sentences and translate into English:

1. más (linda) que   3. casarse con   5. al fin
2. tiene la culpa   4. se puso (furiosa) 6. al lado de

III. Complete each sentence and read it aloud; then, translate into English.

1. Yo quiero mucho a _____.
2. Mi amiga es muy _____.
3. (No) quiero casarme porque _____.
4. Algunas mujeres (no) se casan porque _____.
5. Mi amiga es rubia y muy alegre; yo soy _____.
6. Un amigo me dijo que _____.
7. Mis padres me mandan a la universidad para _____.
8. La llegada de la muchacha a su casa fue terrible porque _____.
9. Al fin su hermana se casó porque _____.
10. El otro día di un paseo por el campo y _____.

14. Una docena de pañuelos
(Pages 89–94)

I. Answer in Spanish (complete statements):

1. ¿Dónde compró los pañuelos el dueño de la tienda? 2. ¿Cuántos compró? 3. ¿Cuánto pagó por ellos? 4. ¿Qué estudiaba por el camino? 5. ¿Con qué soñaba? 6. ¿Dónde colgó los pañuelos? 7. ¿Quién quería comprar uno de los pañuelos? 8. ¿Cuánto dijo el dueño que valía? 9. ¿Cuánto le ofreció el indio? 10. ¿Por qué no lo compró? 11. ¿Qué vendían los indios en la plaza? 12. ¿Quiénes le ayudaron al dueño a vender los pañuelos? 13. ¿Cuánto obtuvo al fin por la docena de pañuelos? 14. ¿Cómo pudo obtener tanto por ellos?

II. Use in simple original sentences and translate into English:

1. soñé con   3. me hice (rico)   5. le quedan
2. nos sentamos   4. ya no   6. por la mañana

III. Translate into English and give the Spanish infinitive of the following verbs:

llevó	comencé	cogí	(si) hubiéramos ido
llegué	decíamos	traigo	estuve
trajo	pude	pidió	hice
vine	obtuve	dije	empiezo
venderá	pidiendo	tengo	conozco
vendremos	tendríamos	me siento	vuelvo
doy	puso	quisieron	
acompañé	fuimos	(si yo) fuera	

15. Peyo Mercé enseña inglés
(Pages 95–99)

I. Answer in Spanish (complete statements):

1. ¿Por qué a Peyo no le gustó la carta del supervisor? 2. ¿Por qué decía que no podía enseñar inglés? 3. ¿Cómo eran los niños? 4. ¿Por qué no quería Peyo que le llamaran *mister*? 5. ¿Qué vio por la ventanita? 6. ¿Qué láminas contenía el extraño libro? 7. ¿Por qué no podía reprender a los muchachos? 8. ¿Por qué envidió a la calandria? 9. ¿Qué opinión tenía el maestro del idioma inglés? 10. ¿Qué palabra repetían los niños? 11. Según Teclo, ¿cómo era el gallo americano? 12. ¿Cómo canta el gallo en inglés? 13. ¿Cómo cantaba el gallo de la casa de Tellito? 14. ¿Cómo terminó la clase de inglés? 15. ¿Cree usted que el señor Mercé era un buen maestro? ¿Por qué?

II. Use in simple original sentences and translate into English:

1. buenos días	3. se asomaron a	5. me fijé (en)
2. ganarse la vida	4. más despacio	6. me sentí

III. Say in Spanish:

1. The supervisor says it is necessary to teach English. 2. I am sending you some English books. 3. The illustration is of a big American rooster. 4. He does not crow like the roosters in Puerto Rico. 5. How does the rooster crow in English? 6. Mr. Mercé doesn't like to teach English. 7. He thinks it is very difficult. 8. The pupils at his school are very poor. 9. They love him very much. 10. He is a good man.

16. Prejuicio *Cual—which, which one*
(Pages 102–106)

I. Answer in Spanish (complete statements):

1. ¿Era pobre o rico don Joaquín? 2. ¿Tenía muchos amigos? 3. ¿En qué se ocupaba? 4. ¿Por qué fue su llegada al pueblo un acontecimiento? 5. ¿Dónde estaba el pueblo? 6. ¿Dónde vivía don Joaquín? 7. ¿Cuál fue la primera obra maestra que vendió *purpose—intention society literary* 8. ¿Cuál era el propósito de la sociedad literaria? 9. ¿Por qué pensó don Joaquín en marcharse del pueblo? 10. Según el presidente del club literario, ¿por qué debía de ser muy mala la obra de don Joaquín? 11. ¿Qué acordaron los socios del club? 12. ¿Por qué se reían las mujeres del pobre don Joaquín? 13. ¿Qué decía la carta del librero? 14. ¿Qué decía la carta de don Joaquín? 15. ¿Quién era en realidad el autor de su libro?

II. Use in simple original sentences and translate into English:

1. apenas	3. el único	5. ni siquiera
2. por lo menos	4. ni...ni	6. de vez en cuando

III. Translate into Spanish:

My dear friend:

I must tell you that I have decided to leave this beautiful town where I have lived during the last twenty years. My secret

has been discovered. As you know, I wrote all those books that
the members of the club thought had been written by great
authors. All the books were very bad, although I gave them the
names of famous authors.

Sincerely,
Joaquín

VOCABULARIES

FOREWORD

This vocabulary contains all words in the text (including irregular verb forms) except the following: words used only where translated in the margin; adverbs ending in *-mente* derived from adjectives which are included; and diminutives in *-ito,* where the regular form is listed. Abbreviations used are:

cond.	conditional	*imperf.*	imperfect	*part.*	participle
dim.	diminutive	*ind.*	indicative	*pl.*	plural
f.	feminine	*m.*	masculine	*pres.*	present
fut.	future	*n.*	noun	*pret.*	preterite
impera.	imperative	*p.*	past	*sing.*	singular
				subj.	subjunctive

SPANISH-ENGLISH VOCABULARY

A

a to; at, in, into; on; by; from; *not translated when used to indicate direct object*

abajo down, below; downstairs

abandonar to desert, abandon, leave; to give up

abierto (*p. part. of* **abrir**) open, opened

abrazar to embrace

abrigo overcoat

abrir, abrirse to open

absoluto absolute

absurdo absurd

acá here, over here

acabar to end, finish; **acabar de (comer)** to have just (eaten)

acariciar to caress, pet

acaso perhaps; by chance

acción *f.* action

acento accent

aceptar to accept

acera sidewalk

acercar to bring near; **acercarse (a)** to approach, come up (to), go up (to)

acertar (**ie**) to guess (right), be right

acierta(n) *3rd pres. ind. of* **acertar**

acompañar to go with, come with; to accompany

acontecimiento event

acordar to agree

acostar (**ue**) to lay down; to put to bed; **acostarse** to go to bed

acostumbrado accustomed, used to

actitud *f.* attitude

acto act

acudir to come, rush

acusar to accuse

adelantado in advance

además (de) besides, moreover, in addition (to)

adiós good-by

adivinar to guess

admirar to admire

admitir to admit

adoptar to adopt, assume

adornar to adorn

advertir (**ie, i**) to advise, warn, tell

afortunado fortunate

agitarse to flutter

agradable pleasant, agreeable

agua (el) *f.* water

aguardar to await; to wait for

¡ah! oh!

ahí there

ahogar to drown (out)

ahora now; **ahora mismo** right now

aire *m.* air

al = a + el; al (llegar) when (he arrived), on (arriving)

ala (el) *f.* wing

álbum *m.* album, memory book

alcalde *m.* mayor

alcancé *1st sing. pret. of* **alcanzar**

alcanzar to overtake, catch up with, catch; to reach

alcohol *m.* alcohol

alegre cheerful, happy, gay

alegría merriment, happiness, joy

algo something; somewhat

alguien someone, somebody; anyone

algún, alguno some, any; *pl.* a few

alimentar to feed, nourish

alma (el) *f.* soul
almacén *m.* wholesale store
almorzar (ue) to have lunch
almuerzo lunch
alto high; tall
alumno pupil
allá there, over there
allí there
amable kind; nice
amar to love
ambicioso ambitious
ambos both
amenazar (con) to threaten (to)
americano American
amigo, amiga friend
amiguito *dim. of* amigo
amo master; owner
amor *m.* love; *pl.* love affair(s)
ancho wide, broad
andar to go, walk; to travel
animal *m.* animal, beast
animar to encourage
ansioso anxious, eager
ante before; in the presence of
anterior preceding; before
antes before, first; **antes de** before
antiguo old, ancient
anunciar to announce; to advertise
añadir to add
año year; **de (cuatro) años (de edad)**
(four) years old; **tiene (cuatro) años**
he is (four) years old
aparecer to appear
aparente apparent
aparezca, *etc., pres. subj. of* aparecer
apariencia appearance
apartamento apartment
apartar to put aside, keep back
apelar to appeal
apellido surname
apenas hardly, scarcely
apetito appetite
aplaudir to applaud, clap

aprender to learn
aprobar (ue) to approve
aprovechar to take advantage of,
make use of
apurado in a hurry
aquel, aquella (*pl.* **aquellos, aquellas**)
that, those
aquél, aquélla that one
aquello that
aquí here
arañar to scratch
árbol *m.* tree
argentino Argentinian
aristocrático aristocratic
armado armed
arreglar to arrange, put in order, fix
arriba above; upstairs
arrogancia arrogance, haughtiness
arrogante arrogant, haughty
arrojar to throw
Artagnan *character in* The Three
Musketeers *by Alexander Dumas*
artículo article
artillería artillery
artista *m. and f.* artist; actor, actress
asaltar to assault, hold up
ascensor *m.* elevator
asegurar to assure
así so, thus, in this way, in that way;
like this, like that
asiento seat
asistir (a) to attend
asomarse a to look out
asombrado amazed, astonished
asunto matter, affair, subject
asustar to frighten, scare; **asustarse** to
be frightened, scared
atacar to attack
atleta *m. and f.* athlete
atractivo attractive
atreverse (a) to dare
atrevido daring, presumptuous
aula (el) *f.* classroom

aun even
aún still, yet
aunque although, though, even though
auto auto, car
autógrafo autograph
autor *m.,* **autora** *f.* author
autoridad *f.* authority
aventura adventure
aviso notice, advertisement
¡ay! oh!
ayer yesterday
ayudar to help
azul blue

B

¡bah! bah!
bailar to dance
baile *m.* dance; **el baile** dancing
bajar to go down, come down; to lower; to get off, get out
bajo low; under
bandera flag
banquete *m.* banquet
bañar to bathe; **bañarse** to bathe, take a bath; to swim
barril *m.* barrel
barrio district, neighborhood
basar to base
bastante enough; rather
bastar to be enough, suffice
bastón *m.* cane
beber to drink
belleza beauty
bello beautiful
besar to kiss
beso kiss
bien well, good, fine; perfectly; **está bien** all right
billete *m.* bill
blanco white
boca mouth
Bogotá *capital of Colombia*

bolsillo pocket
bonito pretty
borracho drunk; *n.* drunkard
botella bottle
botón *m.* button
brazo arm
breve short, brief
brillante bright, brilliant; shining
bruja witch
bruto brute, beast
buen, bueno good, well, fine; **bueno** all right; well
buldog *m.* bulldog
burro burro, donkey
buscar to seek, look (for), search (for); to get
busqué *1st sing. pret. of* **buscar**

C

caballero gentleman; sir
caballo horse
cabeza head
cada each, every; **cada uno** each one
cadete *m.* cadet
caer, caerse to fall (down)
café *m.* coffee; café, night club
caja box
calandria lark
calma calm, calmness; composure
calmar to calm, quiet
calor *m.* heat, warmth
callar, callarse to be silent, keep quiet; hush; **¡calla!** shut up!
calle *f.* street
cama bed
cambiar to change; to exchange
camelia camellia
camino road; way; **siguió su camino** went on his way
campana bell
campesino country, rural; *m.* farmer
campo field; country; *pl.* country, countryside

canción f. song
cansado tired
cantar to sing; to crow
capaces pl. of **capaz**
capaz capable, able
capital f. capital
cara face
carácter m. character
característico characteristic
caramelo caramel (candy)
cariño affection, love
carne f. meat
caro expensive
carrera career, profession; race
carta letter
casa house, home; **a casa** home; **en casa** at home
casar to marry; **casarse (con)** to marry, get married (to)
casi almost, nearly
Casilda Spanish saint of the 11th century
caso case
castellano Castilian
castillo castle
catorce fourteen
causa cause
causar to cause, produce
cayeron 3rd pl. pret. of **caer**
cayó 3rd sing. pret. of **caer**
celebrar to hold, celebrate
censo census; **hacer el censo** to take the census
centavo cent (one hundredth part of a peso)
cerca (de) near, nearby; nearly, about
cercano nearby; near
cerrar (ie), cerrarse to close, shut (up)
cesar to cease, stop
cielo sky; heaven, heavens; **el Cielo** Heaven
cien, ciento (a) hundred, one hundred
ciencia science; knowledge

cierre(n) 3rd pres. subj. of **cerrar**
cierto certain, sure; a certain
cinco five
cincuenta fifty
cine m. movies
circunstancia circumstance
ciudad f. city
claro clear, bright; light
clase f. kind, sort; class
clásico classic
cláusula clause
club m. club
cobarde m. coward
cobrar to charge
cocinar to cook
coche m. coach
coger to catch, seize, take; to pick up
coincidir to coincide, correspond
cola tail
colegio school
colgado hanging
colgar (ue) to hang, hang up
colgué 1st sing. pret. of **colgar**
colocar to put, place
colonia colony
color m. color
columna column
collar m. collar; necklace
comadre del pueblo f. town gossip
comencé 1st sing. pret. of **comenzar**
comentar to comment
comenzar (ie) to commence, start
comer to eat
comercio commerce, trade
cometer to commit; **cometer un error** to make a mistake
comida food; meal; dinner
como as, like; since; **como si** as if
¿cómo? how? what? why? **¿cómo es?** what is (he) like?
compañero companion
compañía company
comparar to compare

compasión *f.* compassion, pity
compensación *f.* compensation, reward
completo complete
complicado complicated
comprar to buy
comprender to understand, comprehend, see; to realize
común common, ordinary
con with; con (cuidado) (careful)ly
conciencia conscience
concierto concert
concluir to conclude, finish
conclusión *f.* conclusion
concluyó *3rd sing. pret. of* concluir
concreto, concrete, specific
condenar to condemn, sentence
condición *f.* condition
conducta conduct, behavior
conductor *m.* (train) conductor
conferencia lecture
confesar (ie) to confess
confieso *1st sing. pres. ind. of* confesar
confirmar to confirm
conforme willing
confuso confused
conmigo with me
conmoción *f.* commotion
conmover (ue) to move (emotionally)
conocer to get acquainted with, know; to recognize; to meet
conocimiento knowledge
conozco *1st sing. pres. ind. of* conocer
conque so
consecuencia consequence, result
conseguir (i) to get
consejo advice; *pl.* advice
consentir (ie, i) to consent
conservar to preserve, keep
considerar to consider, think over
consistir to consist
constante constant, continual
constitución *f.* constitution

consultar to consult
contar (ue) to count; to tell (about)
contener to contain; contener la risa to keep from laughing
contento satisfied, pleased; happy
contestar to answer, reply
contigo with you
continuar to continue, go on
contorsión *f.* contortion
contra against
contrario contrary, opposite
convencer (de) to convince
conversación *f.* conversation
conversar to converse, talk
convocar to call (*a meeting*)
coral coral (red)
corazón *m.* heart
corbata tie
corregir(i) to correct
correo mail; post office
correr to run, hurry
correspondencia correspondence
corresponder to return, repay; to reciprocate
corriente *f.* current
corrigió *3rd sing. pret. of* corregir
cortesía courtesy, politeness
corto short
cosa thing; matter; otra cosa something else
costar (ue) to cost
costumbre *f.* custom; es costumbre it is customary
creación *f.* creation
crecer to grow; to increase
crédito credit
creer to believe, think
creyendo *pres. part. of* creer
criado servant; criada maid
criatura creature
crimen *m.* crime
criminal criminal
crucé *1st sing. pret. of* cruzar

cruel cruel

cruzar to cross

cuadro picture, painting

cual: **el cual, la cual, los cuales, lo cual** which

¿cuál? which? which one? what?

cualidad *f.* quality

cualquier, cualquiera any, anyone

cuando when

¿cuándo? when?

¿cuánto? how much? **¿cuántos?** how many?

cuarenta forty

cuarto fourth; *n.* quarter; room

cuatro four

cuatrocientos four hundred

cubierto (*p. part. of* **cubrir**) covered

cubrir to cover

cuchillo knife

cuello neck; collar

cuenta *3rd sing. pres. ind. of* **contar;** *impera. of* **contar**

cuento (short) story, tale

cuerpo body

cuesta(n) *3rd pres. ind. of* costar

cuestión *f.* question, problem; matter

cuidado care; watch out; **con mucho cuidado** very carefully

cuidar to take care (of)

culpa fault; **tener la culpa (de)** to be to blame (for)

cumplir to fulfill, complete

cura *m.* (parish) priest

curar to cure

curiosidad *f.* curiosity

curioso curious, inquisitive

curso course

curva curve, curved

cuyo whose

CH

chica (little) girl

chico small; *n.* (little) boy; *pl.* children

chillido squeal

chocar con to bump into

chofer *m.* (taxi) driver; chauffeur

churro cruller, thin twisted fritter

D

daño damage

dar to give; to hit, strike; to take (*steps, a walk, etc.*)

de of; from, about, with; by; in; for; *after a comparative* than; *before an infinitive* to; **(baile) de (cumpleaños)** (birthday dance); **(el libro) de (María)** (Mary)'s (book)

dé *etc. pres. subj. of* **dar**

deber to owe; ought, should, ought to have, should have; must; **debe (ir)** should (go); **debe de (estar enfermo)** must (be ill)

débil weak

decidir to decide

decir to say; to tell; **es decir** that is to say

decisión *f.* decision

declarar to state, declare; to testify

dedo finger

defecto defect

defender (**ie**) to defend

defiende(n) *3rd pres. ind. of* **defender**

dejar to leave; to let

del = de + el

delante (de) in front (of); before

demás (the) rest, other(s)

demasiado too, too much

demonio devil

dentro (de) within, in, inside

departamento compartment

depender (de) to depend (on)

dependiente *m.* clerk

depositar to deposit, leave (in safekeeping)

derecho right

derivar to derive

desaparecer to disappear
desbancar to supplant, get rid of
desbanqué *1st sing. pret. of* desbancar
descansar to rest
descender (ie) to descend, come down
describir to describe
descripción *f.* description
descubierto (*p. part. of* descubrir) discovered
descubrir to discover, find out
desde from; since; desde que since
desear to want, wish
deseo wish, desire
desesperación *f.* desperation, despair
desfigurar to disfigure
desgracia misfortune
desgraciado unfortunate
desilusión *f.* disillusionment, disappointment
desilusionado disillusioned, disappointed
desolación *f.* desolation, grief, loneliness
despacio slowly
despacioso slow
despedirse (i) de to say good-by to
despertar (ie) to awaken; to wake up; despertarse to wake up
despidieron *3rd pl. pret. of* despedir
despierta(n) *3rd pres. ind. of* despertar
despierto *1st sing. pres. ind. of* despertar; *adj.* awake
después afterward, after, later; then; después de after
detalle *m.* detail
detener to hold back, stop; detenerse to stop
detestable detestable, hateful
detiene(n) *3rd pres. ind. of* detener
detrás (de) behind
detuvieron *3rd pl. pret. of* detener
detuvo *3rd sing. pret. of* detener

devolver (ue) to give back
devuelve(n) *3rd pres. ind. of* devolver
di *1st sing. pret. of* dar; *impera. sing. of* decir
día *m.* day; al día siguiente the next day; buenos días good morning; ocho (quince) días one (two) week(s)
diablo devil; qué diablo what the dickens
diabólico diabolical, devilish
diálogo dialogue
diario daily
dice(n) *3rd pres. ind. of* decir
dices *2nd sing. pres. ind. of* decir
diciendo *pres. part. of* decir
dicho (*p. part. of* decir) said, told
dieciséis sixteen
diecisiete seventeen
diente *m.* tooth
diera, *etc. imperf. subj. of* dar
diez ten
diferencia difference
diferente different
difícil difficult, hard
dificultad *f.* difficulty; trouble
diga, *etc. pres. subj. of* decir
dignidad *f.* dignity
digo *1st sing. pres. ind. of* decir
dije *1st sing. pret. of* decir
dijera, *etc. imperf. subj. of* decir
dijeron *3rd pl. pret. of* decir
dijiste *2nd sing. pret. of* decir
dijo *3rd sing. pret. of* decir
dinero money
dio *3rd sing. pret. of* dar
Dionne *family name of quintuplets born in Canada*
dios *m.* god; Dios God, Lord
dirección *f.* direction
directo direct
diría, *etc. cond. of* decir
disciplina discipline

disciplinado disciplined, trained
discreción *f.* discretion
disgustado disgusted, annoyed
disponer to dispose, arrange
distancia distance
distante distant, far-off
distinguido distinguished, prominent
distinguir to distinguish, see clearly; to make out
distintamente distinctly
distribución *f.* distribution
distrito district
diván *m.* divan
diversión *f.* pastime, amusement
divertir (ie, i) to amuse; **divertirse** to have a good time
divirtiendo *pres. part. of* **divertir**
doble double
doce twelve
docena dozen; **una docena de** (pañuelos) a dozen (handkerchiefs)
doctor *m.* doctor
documento document
doler (ue) to hurt
dolor *m.* pain, sorrow
dominar to control
domingo Sunday
don, Don *a title used before the Christian names of men*
donde where, in which, on which, at which
¿dónde? where?; **¿a dónde?** where ... to? where?
doña, Doña *a title used before Christian names of women*
dormido (*p. part. of* **dormir**) asleep
dormir (ue, u) to sleep; **dormirse** to fall asleep
dos two; **los dos** both
doy *1st sing. pres. ind. of* **dar**
duda doubt
dudar to doubt
duele(n) *3rd pres. ind. of* **doler**

dueña owner; mistress
dueño owner; master
duerme(n) *3rd pres. ind. of* **dormir**
dulce sweet
Dumas, Alejandro Alexander Dumas (1803-1870) *famous French novelist*
duque *m.* duke
durante during, for
durar to last
duro hard; heavy

E

e and (*used before words beginning with i- and hi-*)
económico economical
echar to throw; **echarse a** to start to; **echarse a reír** to burst out laughing
edad *f.* age
educación *f.* education
educar to educate
efecto effect
¿eh? huh?
ejemplar *m.* copy
ejemplo example; **por ejemplo** for example, for instance
el the; *often* his, her, *etc.*; **el de** (elegir) that of (choosing)
él he, him, it
eléctrico electric
elegante elegant, fashionable
ella she, her, it
ello it
ellos, ellas they, them
embargo: sin embargo nevertheless, still, however
empecé *1st sing. pret. of* **empezar**
empezar (ie) to begin
empieza(n) *3rd pres. ind. of* **empezar**
empiezo *1st sing. pres. ind. of* **empezar**
emplear to employ, use
en in; into, on, upon; at

enamorar to make love; **enamorarse de** to fall in love with
encender (**ie**) to light, turn on (*a light*); **se enciende** (**la luz**) (the light) goes on
encima on top
encontrar (**ue**) to find
encuentra(n) *3rd pres. ind. of* **encontrar**
encuentro *1st sing. pres. ind. of* **encontrar**
enemigo enemy
energía energy
enfermo ill, sick; *n.* sick person
engañar to deceive, fool
enigmático enigmatic, vague
enojado angry
enorme enormous, huge
enseñar to teach; to show
entender (**ie**) to understand
entero whole, entire
entiende(n) *3rd pres. ind. of* **entender**
entiendes *2nd sing. pres. ind. of* **entender**
entierra(n) *3rd pres. ind. of* **enterrar**
entonces then, at that time
entrada entrance, way in
entrar to come in; **entrar en** to enter
entre between; among
entregar to hand (over)
entregué *1st sing. pret. of* **entregar**
entusiasmo enthusiasm
enviar to send
enviudar to become a widow(er)
época period, time
era, *etc. imperf. ind. of* **ser**
eres *2nd sing. pres. ind. of* **ser**
error *m.* error, mistake
es *3rd sing. pres. ind. of* **ser**
escala scale
escapar, escaparse to escape
escena scene

escoger to choose, select
escribir to write
escrito (*p. part. of* **escribir**) written
escuchar to listen, listen to; to hear
escuela school
ese, esa (*pl.* **esos, esas**) that, those
ése, ésa that one, that
esfuerzo effort
eso that, that fact; those; **por eso** that's why
espalda back
España Spain
español, española Spanish; Spaniard
especial special
esperar to hope, expect; to wait, wait for
espíritu *m.* spirit
espiritual spiritual
espléndido splendid; fine
esposa wife
esposo husband; *pl.* husband and wife
Espronceda, José de (1802–1842) *Spanish poet of the romantic period*
esquina corner
está *3rd sing. pres. ind. of* **estar**
establecer to establish
estación *f.* station; railroad station
estado state; **Estados Unidos** United States
están *3rd pl. pres. ind. of* **estar**
estar to be
este, esta (*pl.* **éstos, éstas**) this (these)
éste, ésta (*pl.* **éstos, éstas**) this one, this fellow; this; the latter; he, it (these)
esto this
estoy *1st sing. pres. ind. of* **estar**
estratégico strategic
estudiante *m. and f.* student
estudiar to study
estúpido stupid
estuve *1st sing. pret. of* **estar**
estuvieron *3rd pl. pret. of* **estar**

estuvo *3rd sing. pret. of* **estar**
eterno lasting, eternal
Europa Europe
evidencia evidence
evidente evident
evitar to avoid, keep from
exacto exact
examen *m.* examination, exam
examinar to examine
excelente excellent
excepción *f.* exception
excepto except
excitar to excite, upset
exclamar to exclaim
excusa excuse
excusar to excuse, dismiss
existir to exist
experiencia experience
experto expert
explicación *f.* explanation
explicar to explain
expliqué *1st sing. pret. of* **explicar**
expresión *f.* expression
extender (ie) to extend, stretch out; reach out
extienda(n) *3rd pres. subj. of* **extender**
extiende(n) *3rd pres. ind. of* **extender**
extraño strange
extremo extreme, high degree

F
fabuloso fabulous
fácil easy
falda skirt; slope; **falda de la montaña** mountainside
falso false
falta lack
faltar to lack; to be missing; **le falta** he lacks
fama fame
familia family
familiar familiar

famoso famous
fascinado fascinated
fastidio nuisance
favor *m.* favor; **por favor** please
favorito favorite
febrero February
fecundo fertile
felicidad *f.* happiness
feliz happy
femenino feminine
fiesta party
figura figure, shape
figurar to figure, appear; to have a part
fijarse en to notice
fijo fixed; set; staring
fin *m.* end; **al fin** at last, finally; **en fin** in short; anyway; **por fin** finally
final final; *m.* end
fingido make-believe
fingir to pretend; **fingirse** to pretend to be
fino fine; sharp
firme firm
físico physical
flauta flute
flirtear to flirt
flor *f.* flower
fondo back
forma form, shape; manner
formar to form, make
fórmula formula
fortuna fortune
foto photo, photograph
frac *m.* tail coat
fracturar to fracture, break
Francia France
franco frank
frase *f.* phrase; sentence
frecuencia frequency
frecuente frequent
frente *m.* front; *f.* forehead
fresco cool

frío cold
frugal frugal; economical
fue *3rd sing. pret. of* **ir** *and* **ser**
fuego fire
fuente *f.* fountain
fuera, *etc. imperf. subj. of* **ir** *and* **ser**;
  fuera (de) outside
fueron *3rd pl. pret. of* **ir** *and* **ser**
fuerte strong, loud
fuerza force; *pl.* strength
fui *1st sing. pret. of* **ir** *and* **ser**
fuimos *1st pl. pret. of* **ir** *and* **ser**
fundar to found
furia fury, rage
furioso furious; furiously
fútbol *m.* football
futuro future

G

gallera cockfight pit
gallo rooster; **gallo de pelea** gamecock
ganar to gain, win, earn
gastar to spend
gato cat
gemir (i) to wail
general general
generosidad *f.* generosity
genio temper
gente *f.* people, folks
gesto gesture
Gibraltar *stronghold in southern
  Spain held by the British*
gimió *3rd sing. pret. of* **gemir**
Gioconda, la Mona Lisa (*Leonardo
  da Vinci's portrait, famous for its
  subtle smile*)
golpe *m.* blow
golpear to strike, pound; to hit
gordo fat; big
gracias thanks
gracioso comical, funny

gran *used for* **grande** *before a sing.
  noun;* **Gran Vía** *important thor-
  oughfare in Madrid*
grande large, big; great
grandísimo huge, very big
gratitud *f.* gratitude
grave serious; grave
gringo American (*of U.S.A., somewhat derogatory*)
gritar to shout, cry out, scream
grito shout, cry, scream
grotesco grotesque
guapo good-looking, handsome
guardar to put away; to save up; to
  keep
gustar to please, be pleasing; (le)
  gusta (he) likes (it)
gusto pleasure; taste

H

ha *3rd sing. pres. ind. of* **haber**
haber to have; **ha de (hablar)** (he)
  is (to speak), should (speak); **había**
  there was, there were
habilidad *f.* ability
habitación *f.* room, bedroom
hábito habit, custom
habitual habitual, customary
hablar to speak, talk
habrá *3rd sing. fut. of* **haber**
habremos *1st pl. fut. of* **haber**
habría, *etc. cond. of* **haber**
hacer to make, do; **hace (construir
  la casa)** he has (the house built);
  hace (dos días) (two days) ago; **le
  hace (estudiar)** he has him (study);
  hacerse to become
hacia toward, to
hago *1st sing. pres. ind. of* **hacer**
hallar to find; **se halla (enfermo)** he
  is (sick)
hambre *f.* hunger
han *3rd pl. pres. ind. of* **haber**

haría, *etc. cond. of* **hacer**

has *2nd sing. pres. ind. of* **haber**

hasta up to, as far as, to; until, till; even; **hasta que** until

hay there is, there are; **hay que** it is necessary; you have to, one must

he *1st sing. pres. ind. of* **haber**

hecho (*p. part. of* **hacer**) made, done; *n.* fact

hemos *1st pl. pres. ind. of* **haber**

hermana sister

hermano brother; *pl.* brothers and sisters

hermosísimo very beautiful

hermoso beautiful, handsome

héroe *m.* hero

heroína heroine

heroísmo heroism

hice *1st sing. pret. of* **hacer**

hicieron *3rd pl. pret. of* **hacer**

hiciese(n) *3rd imperf. subj. of* **hacer**

hiciste *2nd sing. pret. of* **hacer**

hija daughter; child

hijo son; child; *pl.* children

historia history; story

hizo *3rd sing. pret. of* **hacer**

hoja leaf; sheet (of paper)

hombre *m.* man

honesto honest

honrado honest

hora hour; time; **la hora del** (**almuerzo**) (lunch) time

horrible horrible

hospital *m.* hospital

hotel *m.* hotel

hoy today

hubiera, *etc. imperf. subj. of* **haber**

Hugo, Victor (1802–1885) *famous French novelist*

huir to flee, run away

humano human

¡hurra! hurrah!

huye(n) *3rd pres. ind. of* **huir**

huyeron *3rd pl. pret. of* **huir**

huyó *3rd sing. pret. of* **huir**

I

iba, *etc. imperf. ind. of* **ir**

idea idea, thought

idéntico identical

idioma (**el**) *m.* language

iglesia church

ignorancia ignorance

ignorar to ignore

igual equal, the same, identical; **igual a** like

ilusión *f.* illusion, hope

imaginar, imaginarse to imagine

imaginario imaginary

impaciencia impatience; **con impaciencia** impatiently

impaciente impatient

impedir (**i**) to prevent, keep from

impide(n) *3rd pres. ind. of* **impedir**

implorar to implore, beg

imponer to impose

importancia importance

importante important

importar to matter

imposible impossible

impresión *f.* impression

improvisar to improvise

imprudente imprudent, indiscreet

impulso impulse

incomparable incomparable

india Indian woman

indicar to show, point to, indicate

indiferencia indifference

indiferente indifferent

indignación *f.* indignation

indio Indian

indispensable indispensable

infeliz unhappy; unlucky, unfortunate

infinito infinite, immense

información *f.* information

informar to inform
inglés English; **inglesa** Englishwoman
inicial *f.* initial
injusto unjust
inmediatamente immediately
inmenso immense
inocente innocent
inquirir to inquire
insecto insect
insignificante insignificant
insistencia insistence
insistente insistent, persistent
insistir to insist
insolencia insolence
insolente insolent
inspiración *f.* inspiration
inspirar to inspire
instante *m.* instant, moment
instinto instinct
instrucción *f.* instruction
insultar to insult
insulto insult
inteligencia intelligence
inteligente intelligent
intención *f.* intention
interés *m.* interest
interesante interesting
interesar to interest, be interesting
interior *m.* interior, inside
interpretar to interpret
interrogar to interrogate, question
interrumpir to interrupt; **se interrumpe la corriente** the current goes off
intervenir to intervene, interfere
íntimo intimate
intolerable intolerable, unbearable
inútil useless
invadir to invade
inventar to invent
invitación *f.* invitation
invitar to invite
ir to go; **irse** to go away, go, leave;

va (**leyéndolo**) he is (reading it); **va a** (**verlo**) he is going to (see it)
irreprochable irreproachable
irresistible irresistible
italiano Italian
izquierdo, **izquierda** left

J

jamás never, not . . . ever
jardín *m.* garden
jefe *m.* boss; head
Jesucristo Jesus Christ
jíbaro (*Puerto Rican*) country fellow
Jockey Club *social club in Madrid*
joven young; *m.* young man; *f.* young woman, girl
jueces, *pl. of* **juez**
juega(n) *3rd pres. ind. of* **jugar**
juegue(n) *3rd pres. subj. of* **jugar**
jueves *m.* Thursday
juez *m.* judge; **señor juez** Your Honor
jugar (ue) to play; **jugar al** (**tenis**) to play (tennis)
junio June
junto together; **junto a** close to, beside, next to
justicia, justice; law
justo right, just
juzgado court

L

la the: the one; her, you, it; *often* his, *etc.;* **la** (**de**) that (of)
labio lip
laboratorio laboratory
lado side; **al lado de** beside
ladrar to bark
ladrón *m.* thief, robber, burglar
lágrima tear
lámina illustration
lámpara lamp
largo long

las the; those; them; some; any; *often* his, her, *etc.;* **las (dos)** (two) o'clock; **son las (dos)** it is (two) o'clock

lástima pity; **qué lástima** what a pity; that's too bad

lavar to wash

le him, to him, from him; for him; you, to you, from you, for you; her, to her, from her, for her; *not translated when used with indirect object nouns;* **le (mordió) el (dedo)** (it bit) his (finger)

lección *f.* lesson; **dar una lección** to teach a lesson

leer to read

lejos far; far away

lengua tongue

lentes *m. pl.* glasses

les them, to them, for them; you, to you, for you; *not translated when used with indirect object nouns*

letra letter

letrero sign

levantar to raise, lift; **levantarse** to get up, stand up, rise

ley *f.* law

leyendo *pres, part. of* **leer**

leyeron *3rd pl. pret. of* **leer**

leyó *3rd sing. pret. of* **leer**

librar to free; **librarse de** to free one-self, escape

libre free

librero bookseller

libro book

ligero light, slight; swift, fast

limitar to limit

limpiar to clean

limpio clean

lindo pretty

listo ready

literario literary

literatura literature

lo the; that; him, you, it; so; **lo (peor)** the (worst) thing; **(me) lo (pregunta)** (he asks me); **lo que** what, which; **todo lo (que)** all (that), everything (that)

loco crazy, mad; wild

los the; those; them; you; *often* his, her *etc.*

luces *pl. of* **luz**

luego presently, in a minute, soon; then; next; **desde luego** of course

lugar *m.* place

luna moon

lunar *m.* mole, beauty spot

luz *f.* light

LL

llama flame

llamar to call, name; to knock; **llamar la atención** to attract attention; **se llama** (his) name is

llave *f.* key

llegada arrival

llegar to arrive, come up, get (to); **llegar (a)** to come (to); to reach

llegué *1st sing. pret. of* **llegar**

lleguemos *1st pl. pres. subj. of* **llegar**

llenar, llenarse to fill (up)

lleno (de) full (of), filled (with)

llevar to carry, take; to wear; to lead; **llevarse** to take (away), carry off

llorar to cry

llover (ue) to rain

M

madre *f.* mother

Madrid *capital of Spain*

maestro, maestra teacher

mágico magic

magnífico splendid, magnificent; fine

magnolia magnolia tree

mal badly, poorly; *used for* **malo**

maleta suitcase

malísimo very bad
malo, mal bad, wicked; mean
mamá mama, mother
mandar to order, command; to send; mandar a buscar to send for
manera way, manner; de (esta) manera in (this) way
mano hand
mañana tomorrow; *n.* morning; hasta mañana see you tomorrow
maravilla wonder
maravilloso marvelous, wonderful
marcado marked
marchar(se) to go (away)
marido husband
mariposita moth
martes *m.* Tuesday
mas but
más more; most; any more; más (viejo) (old)er; el más (viejo) the (old-)est
masón *m.* Mason, Freemason
matar to kill
matrimonio marriage
mayo May
mayor greater; greatest; elder; older; oldest
mayoría majority
me me, to me, from me, for me; myself, to myself
medicina medicine
médico doctor, physician
medio half, a half; means; media (hora) half an (hour); las (seis) y media (six)-thirty
mejor better; best
melodioso melodious
memoria memory; recollection; mind
mencionar to mention
menos less
mentira lie, falsehood
mercado market place
mes *m.* month

mesa table, desk; mesa de noche night table; mesa de trabajo desk
metálico metallic
meter to put (in), put inside
método method
México Mexico
mi my
mí me, myself
Michito Kitty
miedo fear, fright; tener miedo to be afraid
miembro member
mientras while; as
mil (a) thousand; *often indefinite* many
militar military
millón *m.* million
millonario millionaire
minuto minute
mío, mía my, mine, of mine; el mío mine
mirada glance, look
mirar to look, look at; mirar fijamente to stare at
miseria misery
mismo very; same; el mismo que the same as; (él) mismo (he him)self
Míster Mr.
misterio mystery
misterioso mysterious
mitad *f.* middle; half
mixtura mixture
modelo model
moderado moderate, modest
modesto modest
modo way, manner; means; de este modo in this way; de modo que so that; and so
molestar to disturb, bother, annoy
molesto annoyed
Molière (1622–1673) French dramatist
momento moment, minute
monotonía monotony

monótono monotonous
montaña mountain
morder (ue) to bite
moreno dark, brunet
morir (ue, u), morirse to die
mostrador *m.* counter
mostrar (ue) to show, display
motivo motive, reason
mover (ue), moverse to move
movimiento movement
muchacha girl
muchacho boy; *pl.* children
muchísimo very much, a great deal
mucho much, many, a lot (of), a great
deal (of); long; great; greatly, hard,
very
muera(n) *3rd person pres. subj. of*
morir
muerdes *2nd sing. pres. ind. of* **mor-**
der
muere(n) *3rd pres. ind. of* **morir**
muerte *f.* death
muerto (*p. part. of* **morir**) dead; n.
muerta dead woman
muestra(n) *3rd pres. ind. of* **mostrar**
mueve(n) *3rd pres. ind. of* **mover**
mujer *f.* woman; wife
mula mule
multa fine; **(cien pesos) de multa** a
fine of (a hundred pesos)
mundo world
muriera, *etc. imperf. subj. of* **morir**
murieron *3rd pl. pret. of* **morir**
murió *3rd sing. pret. of* **morir**
murmurar to murmur; to mutter
musa Muse
música music
musical musical
muy very

N

nacer to be born
nada nothing, (not) ... anything

nadie nobody, no one, (not) ... anyone
narración *f.* narration, account
natural natural
necesario necessary
necesidad *f.* necessity, need
necesitar to need
negar (ie) to deny
negligente negligent, neglectful
negocio business (affair); deal
negro black
nene *m.* baby
nervioso nervous
ni nor, not ... or; not; not even; **ni**
... **ni** neither ... nor
ningún, ninguno no, (not) any, none
niña (little) girl, child
niño (little) boy, child; *pl.* children
no no; not; ¿no? isn't it? aren't you?
doesn't it? *etc.*
noble noble
noche *f.* night, evening; **buenas**
noches good night, good evening
nombre *m.* name
nos us, to us, at us, for us
nosotros, nosotras we, us, ourselves
nota note; grade
notar to notice
noticia notice; *pl.* news
novela novel; **de novela** fictional
noventa ninety
novia sweetheart, "girl friend"
novillo young bull
novio sweetheart, "boy friend"
nube *f.* cloud
nuestro our
nueve nine
nuevo new
número number
nunca never, not ... ever; ever

O

o or; o ... o either ... or
objeción *f.* objection, contradiction
objetar to object
objeto object
obligar (a) to oblige, force, compel
obra work; obra maestra masterpiece
obscuro dark
observar to observe, watch; to remark
obstinado obstinate, stubborn
obtener to get, secure, obtain
obtuve *1st sing. pret. of* obtener
obtuvo *3rd sing. pret. of* obtener
ocasión *f.* opportunity, occasion
ocultar to hide
ocupar to occupy, employ
ocurrir to occur, happen, take place
ochenta eighty
ocho eight
ofender to offend, make angry; ofen-
    derse to be offended, get angry
oficina office
ofrecer to offer
ogro ogre, monster
¡oh! oh!
oído (*p. part. of* oír) heard
oír to hear
ojo eye
olvidar to forget; olvidarse (de) to
    forget (to, about)
once eleven
opinión *f.* opinion
oponer to oppose; oponerse to object
opongo *1st sing. pres. ind. of* oponer
oportunidad *f.* opportunity, chance
oposición *f.* opposition
opuso *3rd sing. pret. of* oponer
orden *f.* order, command
ordenar to order
origen *m.* origin
originalidad *f.* originality
oro gold; de oro gold, golden
orquesta orchestra

oscuro dark
otro other, another, other one,
    another one
oye(n) *3rd pres. ind. of* oír; *impera.*
    of oír
oyeron *3rd pl. pret. of* oír
oyes *2nd sing. pres. ind. of* oír
oyó *3rd sing. pret. of* oír

P

paces *pl. of* paz
paciencia patience
padre *m.* father; *pl.* father and
    mother, parents
pagar to pay, pay for
página page
pagué *1st sing. pret. of* pagar
país *m.* country
pájaro bird
palabra word
pálido pale
paliza beating
pan *m.* bread
pantalla screen
pañuelo handkerchief pañuelo rabo
    de gallo bandanna handkerchief
papá *m.* papa, daddy
papel *m.* paper; role
para for, to, in order to; para que in
    order that, so that
paralelo parallel
paralizado paralyzed
parar to stop
parecer to seem, appear; to be like,
    look like; se parece a (it) looks like
pared *f.* wall
parezca *3rd sing. pres. subj. of* parecer
París Paris
parque *m.* park
parte *f.* part
particular private
partir to depart

pasado past, last; **el (año) pasado** last (year)

pasajero passenger

pasar to pass; to pass by; to spend (*time*); to happen, take place; **pase** go ahead; **¿qué (le) pasa?** what's the matter (with you)?

pasear to take a walk, stroll

paseo walk; ride; drive; **dar un paseo** to take a ride (walk), go for a ride (walk)

pasión *f.* passion

paso step, pace

patriota *m.* patriot

pava turkey hen

paz *f.* peace, quiet

pecho chest

pedazo piece

pedir (i) to ask, ask for; to order; **me (lo) pide** he asks me for (it)

pegar to beat, strike

pelea fight

pelear to fight

película film, movie

peligro danger

pelo hair

pena trouble; sorrow; penalty

pensamiento thought(s), mind

pensar (ie) to think, think over; **pensar en** to think of, think about

peor worse, worst

pequeño little, small

percal *m.* percale (*cotton cloth*)

perder (ie) to lose; to waste (*time*); to miss

perdonar to forgive; to pardon, excuse; **perdone** excuse me

perfecto perfect

perfumar to perfume

periódico newspaper

periodista *m.* reporter, journalist

perla pearl

permanecer to remain, stay

permitir to allow, permit

pero but

perrito puppy

perro, perra dog

persistente persistent

persona person; *pl.* people

personaje *m.* personage, character

personalidad *f.* personality

pertenecer to belong

pesadilla nightmare

peseta peseta (*small Spanish coin; monetary unit of Spain*)

pesimista pessimistic, discouraged

peso peso (*Spanish American monetary unit*)

pétalo petal

pianista *m. and f.* pianist

piano piano

pide(n) *3rd pres. ind. of* **pedir**

pidiendo *pres. part. of* **pedir**

pidieron *3rd pl. pret. of* **pedir**

pidió *3rd sing. pret. of* **pedir**

pido *1st sing. pres. ind. of* **pedir**

pie *m.* foot; **a pie** on foot

piedra stone

piensa(n) *3rd pres. ind. of* **pensar**

pierde(n) *3rd pres. ind. of* **perder**

pierdo *1st sing. pres. ind. of* **perder**

pieza piece; bolt

piso floor

pistola pistol

placer *m.* pleasure

plan *m.* plan

planilla form

planta plant

plata silver; **de plata** silver

plataforma platform

plato plate, dish

plaza plaza, (public) square

pluma feather; pen

pobre poor; *pl.* poor (people)

poco little, few; a few; short, shortly; **unos pocos** a few

poder to be able, can, could; may
podrá(n) *3rd fut. of* **poder**
podremos *1st pl. fut. of* **poder**
podría, *etc. cond. of* **poder**
poesía poetry; poem
poeta *m.* poet
policía *m.* policeman; *f.* police
política politics
pondremos *1st pl. fut. of* **poner**
pondría, *etc. cond. of* **poner**
poner to put, place; **ponerse (pálido)** to turn, become (pale); **se pone (el sombrero)** he puts on (his hat)
popular popular
por by, through; on account of, because of; for; in return for; to; along, down; about; in; **por (la mañana)** in (the morning)
por ciento percent
porque because, for
portero doorman
poseer to possess, own
posible possible
práctica practice
práctico practical
precio price
preciso precise, exact; necessary
preferir (ie, i) to prefer
prefiera(n) *3rd pres. subj. of* **preferir**
prefiere(n) *3rd pres. ind. of* **preferir**
prefiero *1st sing. pres. ind. of* **preferir**
pregunta question; **hacer una pregunta** to ask a question
preguntar to ask
preocupar to worry; **preocuparse (por)** to worry (about)
preparación *f.* preparation
preparado ready, prepared
preparar, prepararse to prepare, get ready
presencia presence
presentar to present, offer, introduce
presente present

prestar to lend, loan
pretexto pretext, excuse
primavera spring
primer, primero first
primo, prima cousin
principal main, principal
principiante *m.* beginner
principio beginning; **al principio** at first
prisa haste; **tener prisa (en)** to be in a hurry (to)
prisión *f.* prison, jail
probable probable
probablemente probably
probar (ue) to prove; to try out; to taste
problema *m.* problem
procesión *f.* procession, parade
proclamar to proclaim
procurar to try
producir to produce
producto product
profesión *f.* profession
profesor *m.* professor, teacher
profundo profound; deep
programa *m.* program
progreso progress
prolongar to prolong
prometer to promise
pronto soon; quickly; **de pronto** suddenly, all of a sudden
pronunciación *f.* pronunciation
pronunciar to pronounce, utter, say
propina tip
propio own
proponer to propose; to suggest
proposición *f.* proposition, proposal
propósito purpose, intention; **a propósito** on purpose
propuesto *past. part. of* **proponer**
propuso *3rd sing. pret. of* **proponer**
prosaico prosaic, dull
protagonista *m.* hero

protector *m.* protector, guardian
protestar to protest
próximo next
prueba(n) *3rd pres. ind. of* **probar;** *n.* **prueba** proof, test
pruebe(n) *3rd pres. subj. of* **probar**
psicología psychology
psicológico psychological
publicación *f.* publication
publicar to publish
público public; audience
pude *1st sing. pret. of* **poder**
pudiera, *etc. imperf. subj. of* **poder**
pudo *3rd sing. pret. of* **poder**
pueblo town
pueda(n) *3rd pres. subj. of* **poder**
puede(n) *3rd pres. ind. of* **poder**
puedo *1st sing. pres. ind. of* **poder**
puerta door; gate
pues then; well; for; why; since; so
puesto (*p. part. of* **poner**) put, placed; put on (*hat, suit, etc.*)
puntapié *m.* kick
punto point; place, spot
puño fist
pupitre *m.* desk
puro pure; sheer
puse *1st sing. pret. of* **poner**
pusieron *3rd pl. pret. of* **poner**
puso *3rd sing. pret. of* **poner**

Q

que who, whom, which, that; *after a comparative* than; *after* **el mismo** as; (**algo**) **que** (**hacer**) (something) to (do); **el que, la que** who, which, that; the one who, the one that; that which
¿qué? what? how?; **¡qué . . .!** what a . . . ! **¿por qué?** why?

quedar to remain, be left; *with participles* to be; **quedarse** to stay, keep (on), remain, be left; (**le**) **queda** (he) has left
quejarse to complain
quemar, quemarse to burn
querer to want, wish; to love; to be willing, will; to try; **querer decir** to mean; **¿Quiere?** Will you?; **quiero** (**que**) I want (you) to
quien who, whom
¿quién? who? whom?
quiera(n) *3rd pres. subj. of* **querer**
quiere(n) *3rd pres. ind. of* **querer**
quieres *2nd sing. pres. ind. of* **querer**
quiero *1st sing. pres. ind. of* **querer**
quieto quiet, still
quince fifteen
quinientos five hundred
quíntuple quintuplet
quise *1st sing. pret. of* **querer**
quiso *3rd sing. pret. of* **querer**
quitar to take away, take off, remove; to leave out; **se quita** (**los lentes**) he takes off (his glasses)
quizá, quizás perhaps

R

rabo tail
radio *m. and f.* radio
rancho shack
rápido rapid, swift; fast, quick
raqueta racket
raro rare; curious, strange
rata rat
rato while, time
rayo ray; flash; **como un rayo** like a flash
razón *f.* reason; **tener razón** to be right
reafirmar to reaffirm, confirm
real real; *m.* real (*coin worth 1/8 of a peso*)

realidad *f.* reality; **en realidad** actually, really

realizar to perform, carry out

reaparecer to reappear

rebajar (el precio) to lower; to come down (on), reduce (the price)

recibir to receive; to take; to welcome

recoger to pick up; to catch; to collect

recomendar to recommend

reconciliación *f.* reconciliation

reconciliar to reconcile

reconocer to recognize

recordar (ue) to recall; to remember

recorrer to go through, look over

recuerda(n) *3rd pres. ind. of* **recordar**

recuerdas *2nd sing. pres. ind. of* **recordar**

recuerde(n) *3rd pres. subj. of* **recordar**

recuerdo *1st sing. pres. ind. of* **recordar;** *n.* recollection, memory; *pl.* regards, greetings

redoblar to redouble

referir (ie, i) to refer; to relate, tell; **referirse** to refer

refiero *1st sing. pres. ind. of* **referir**

refirió *3rd sing. pret. of* **referir**

regalar to give; to give away

región *f.* region

registrar to search

regresar to return

reír (i) to laugh; **reírse (de)** to laugh (at)

relación *f.* relation; account, story

releer to re-read

reloj *m.* watch; clock

remoto remote, distant

reñir (i) to quarrel

repetir (i) to repeat

repita(n) *3rd pres. subj. of* **repetir**

repite(n) *3rd pres. ind. of* **repetir**

repitiera(n) *3rd imperf. subj. of* **repetir**

repitieron *3rd pl. pret. of* **repetir**

repitió *3rd sing. pret. of* **repetir**

repito *1st sing. pres. ind. of* **repetir**

reprender to scold

representar to represent

reptil *m.* reptile

reservar to reserve, put aside

residente *m. and f.* resident

resistente resistant, strong

resistir to resist, offer resistance

resolver (ue) to decide; to solve

respectivo respective

respetable respectable

respetar to respect

respeto respect

responder to reply

responsable responsible

respuesta reply

restaurante *m.* restaurant

resto rest, remainder

resuelto *p. part. of* **resolver**

resuelve(n) *3rd pres. ind. of* **resolver**

resultar to turn out, prove to be

retirar to withdraw, retire

reunir to gather, bring together

revelación *f.* revelation, disclosure

revelar to reveal, disclose

reventar (ie) to scratch out, put out

reverencia bow

revólver *m.* revolver

ría, *etc., pres. subj. of* **reír**

rico rich

ridículo ridiculous

ríe(n) *3rd pres. ind. of* **reír**

riendo *pres. part. of* **reír**

rieron *3rd pl. pret. of* **reír**

riñó *3rd sing. pret. of* **reñir**

rió *3rd sing. pret. of* **reír**

río *1st sing. pres. ind. of* **reír;** *n.* river

risa (s) laughter, laugh

ritmo rhythm

rival *m.* rival

robar to rob, steal

robo theft, robbery
robusto robust, vigorous, strong
rodear to surround
rodilla knee; *pl.* lap
rogar (ue) to ask; to beg, request
rogué *1st sing. pret. of* **rogar**
rojo red
romanticismo romanticism
romántico romantic
Romeo *hero of Shakespeare's play*
romper, romperse to break
ropa clothes, clothing
rostro countenance, face
rubio blond
ruido noise, sound
rumor *m.* rumor

S

saber to know; to know how; to find out; **sabe (cantar)** he can (sing)
sacar to take out
sacrificar to sacrifice
sal *impera. of* **salir**
sala parlor; living room
salida departure
salir to go out, come out, leave, go off; **salir de** to leave; to get off, get out of
Salomón Solomon (*Hebrew king famous for his wisdom and justice*)
salomónica Solomon-like
salón (de clase) *m.* classroom
saltar to jump (up), spring; to dash
salud *f.* health
saludar to greet
salvar to save
sangre *f.* blood
Santa Saint
santo holy, blessed
saqué *1st sing. pret. of* **sacar**
satisfacción *f.* satisfaction
satisfacer to satisfy

se himself, to himself; herself, to herself; yourself; themselves; oneself; each other, one another; *used for* **le, les:** to him, to her, to you, to them; se (**dice**) it is (said), one (says), they (say); (**comparar**)**se** to be (compared)
sé *1st sing. pres. ind. of* **saber**
sea, *etc. pres. subj. of* **ser**
seco dry
secretario secretary
secreto secret, confidential; **en secreto** secretly, confidentially
seguida: en seguida at once, right away
seguir (i) to follow; to go on, keep on
según according to; according to what, as
segundo second
seguro sure, certain; **seguro de que** sure that
seis six
seiscientos six hundred
semana week
semejante similar; such (a)
sencillo simple, plain
sensación *f.* sensation; excitement, thrill
sensacional sensational
sentado (*p. part. of* **sentar**) seated, sitting
sentar (ie) to seat; **sentarse** to sit down
sentencia sentence
sentenciar to sentence
sentimiento feeling, sentiment
sentir (ie, i) to feel; to be sorry; **sentirse** to feel
señalar to point out, point (to)
señor *m.* gentleman; sir; (**el**) **señor (Ramírez)** Mr. (Ramírez)
señora lady; madam; wife; (**la**) **señora (Ramírez)** Mrs. (Ramírez)

señorita young lady; **(la) señorita (Ramírez)** Miss (Ramírez)

separar to separate; to divide, move apart

ser to be; **es (soldado)** (he) is a (soldier); **soy yo** it is I, it's me

sereno serene, calm

serio serious

servir (i) to serve

sesenta sixty

severo severe, stern

sexo sex

si if, whether

sí yes; himself

siempre always, ever

sienta(n) *3rd pres. ind. of* **sentar;** *3rd pres. subj. of* **sentir**

siente(n) *3rd pres. ind. of* **sentir;** *3rd pres. subj. of* **sentar**

siento *1st sing. pres. ind. of* **sentar** *and* **sentir**

siesta siesta, (afternoon) nap

siete seven

siga, *etc., pres. subj. of* **seguir**

siglo century; age; **Siglo de Oro** Golden Age (*of Spanish culture, 16th to 17th century*)

significar to mean

sigue *3rd sing. pres. ind. of* **seguir;** *impera. sing. of* **seguir**

siguiendo *pres. part. of* **seguir**

siguiente following, next

siguió *3rd sing. pret. of* **seguir**

silencio silence, quiet

silueta silhouette

silla chair; saddle

simplemente simply

sin without; **sin embargo** nevertheless, still

sinceridad *f.* sincerity

sincero sincere

sino but, except

sintiendo *pres. part. of* **sentir**

sintió *3rd sing. pret. of* **sentir**

siquiera even; **ni siquiera** not even

sirvió *3rd sing. pret. of* **servir**

sirvo *1st sing. pres. ind. of* **servir**

sitio place, spot

situación *f.* situation

situado situated, located

sobre on, upon; over, above; about

sobrino nephew

sociedad *f.* society

socio member

sofá *m.* sofa

sol *m.* sun; sunshine

solamente only

soldado soldier

solemne solemn

soler (ue) to be in the habit of; **solía (decir)** (he) used to (say)

solo alone, only, single; lonely

sólo only, merely, just

soltar (ue) to let go (of), let loose; to release

soltero single; *n.* bachelor

solterona old maid

solución *f.* solution, way out

sombra shade, shadow

sombrero hat

somos *1st pl. pres. ind. of* **ser**

son *3rd pl. pres. ind. of* **ser**

sonar (ue) to sound, ring (out)

soneto sonnet

sonreír (i) to smile

sonríe(n) *3rd pres. ind. of* **sonreír**

sonriendo *pres. part. of* **sonreír**

sonrió *3rd sing. pret. of* **sonreír**

sonrisa smile

soñar (ue) (con) to dream (of)

sopa soup

sopera soup bowl

soportar to put up with

sorprender to surprise

sorpresa surprise

sostener to keep up, carry on

soy *1st sing. pres. ind. of* **ser**
su his, her, its, your, their
suave soft, gentle
subir (a) to go up, climb; to get on
suceder to happen; to turn out
suelo ground; soil
suelta *impera. of* **soltar**
suelto loose
suena(n) *3rd pres. ind. of* **sonar**
sueña(n) *3rd pres. ind. of* **soñar**
sueño sleep; dream
suerte *f.* fortune, luck; **leer(le) la suerte** to read (his) fortune; **tener suerte** to be lucky
suéter *m.* sweater
suficiente sufficient, enough
sufrir to suffer; to endure, bear
sugestión *f.* suggestion
sujeto held
supe *1st sing. pret. of* **saber**
superfluo superfluous
superhombre superman
superior superior
supervisor *m.* supervisor
suponer to suppose
supremo supreme
sus his, her, its, your, their
suyo his, of his; yours, of yours; theirs, of theirs; **el suyo** his

T

tal such, such a
talento talent
también also, too
tampoco not . . . either, neither; nor . . . either
tan so, as; such (a); **tan . . . como** as . . . as
tanto so much, so many, so
tarde late; *f.* afternoon; **buenas tardes** good afternoon
taxi *m.* taxi, taxicab
te you, to you; yourself

té *m.* tea
teatro theater
teléfono telephone; **llamar por teléfono** to phone
telegrama *m.* telegram
temblar (ie) to tremble
temer to fear, be afraid of
temperancia temperance
temprano early
tendencia tendency
tendrá(n) *3rd fut. of* **tener**
tendrás *2nd sing. fut. of* **tener**
tendremos *1st pl. fut. of* **tener**
tendría, etc. cond. of **tener**
tener to have; **tener que** to have to; **tener (mucho) que (hacer)** to have (a lot) to (do); **¿qué tiene?** what's the matter with (him)?
tengo *1st sing. pres. ind. of* **tener**
tenis *m.* tennis
tercer, tercero third
terminar to end, finish; to get through
terrible terrible, awful
terrier *m. and f.* terrier *(small game dog)*
terror *m.* terror
testigo witness
ti you
tiempo time; **a tiempo** on time
tienda shop, store
tiene(n) *3rd pres. ind. of* **tener**
tienes *2nd sing. pres. ind. of* **tener**
tierra earth, land
timbre *m.* (electric) bell
tímido timid
tío uncle
típico typical
tipo type, kind
tirar to throw
titular to entitle
título title
tobillo ankle
tocador *m.* dresser

tocar to touch, press; to play
todavía still, yet
todo all, every; everything; *pl.* everyone, all; **sobre todo** especially; **todo el (día)** the whole (day), all (day); **todos (nosotros)** all of (us); **todos los (días)** every (day)
tolerar to tolerate, permit
tomar to take; to drink
tono tone (of voice)
tonto foolish, silly
toqué *1st sing. pret. of* **tocar**
tormento torment, torture
trabajar to work
trabajo work; **trabajo de la casa** housework
traer to bring
tragedia tragedy
traigo *1st sing. pres. ind. of* **traer**
traje *1st sing. pret. of* **traer;** *m.* suit; costume; clothes; dress
trajeron *3rd pl. pret. of* **traer**
trajo *3rd sing. pret. of* **traer**
tranquilo calm, quiet
tranvía *m.* streetcar
tras after
tratar de to try to
travesura mischief
treinta thirty; **treinta y (cinco)** thirty-(five)
tren *m.* train
tres three
triste sad
tropecé *1st sing. pret. of* **tropezar**
tropezar to stumble
tropical tropical
tu your
tú you
tumba tomb
tumulto tumult, uproar
tuve *1st sing. pret. of* **tener**
tuviera, *etc. imperf. subj. of* **tener**
tuvieron *3rd pl. pret. of* **tener**

tuvo *3rd sing. pret. of* **tener**
tuyo yours

U

último last, latest; lowest
un, una a, an; one; *pl.* some, a few
unánime unanimous
único only, sole
unir to unite
universidad *f.* university
uno one; *pl.* some, a few; about
urgente urgent
uso use
usted, ustedes you

V

va *3rd sing. pres. ind. of* **ir**
vacaciones *f. pl.* vacation
vagabundo vagabond, wandering
vago vague
valdría, *etc. cond. of* **valer**
Valencia *city in eastern Spain; popular Spanish song*
valer to be worth; **¿cuánto vale?** how much is it?
valiente valiant, brave
valle *m.* valley
vamos *1st pl. pres. ind. of* **ir;** **¡vamos!** let's go!; **vamos a (comer)** let's (eat)
van *3rd pl. pres. ind. of* **ir**
vano vain
vara vara (*approximately one yard*)
varios various; several
vaso glass
vaya, *etc. pres. subj. of* **ir**
veces *pl. of* **vez**
vecino *m.* neighbor, resident
vehículo vehicle
veía, *etc. imperf. ind. of* **ver**
veinte twenty
veinti(cinco) twenty-(five)
ven *3rd pl. pres. ind. of* **ver;** *impera. sing. of* **venir**
vena vein

vencer to conquer, overcome, defeat; to win
vender to sell
vendrá(n) *3rd fut. of* **venir**
vendría, *etc. cond. of* **venir**
venga, *etc. pres. subj. of* **venir**
vengo *1st sing. pres. ind. of* **venir**
venir to come; **viene a** (**verle**) he comes to (see him)
venta sale
ventana window
ver to see
verano summer
veras: de veras really
verdad *f.* truth; **es verdad** it is true, that's true, that's so
verdadero true, real
verde green
verso verse; *pl.* poetry
vestido dress; clothes
vestir (**i**) to dress
vez *f.* time: **a veces** at times, sometimes; **dos veces** twice; **en vez de** instead of; **otra vez** again; **tal vez** perhaps; **una vez** once
viajar to travel
viaje *m.* trip, journey
víctima victim
victoria victory, success
vida life; living; **mi vida** my darling
viejo, vieja old; *n.* old man, woman
viene(n) *3rd pres. ind. of* **venir**
vienes *2nd sing. pres. ind. of* **venir**
viento wind
viernes *m.* Friday
vieron *3rd pl. pret. of* **ver**
vigoroso vigorous, strong
vimos *1st pl. pret. of* **ver**
vine *1st sing. pret. of* **venir**
vinieron *3rd pl. pret. of* **venir**
vino *3rd sing. pret. of* **venir**
violento violent
visible visible, evident

visita visit, call
visitar to visit, call on
vista sight, view
viste(n) *3rd pres. ind. of* **vestir**
visto *p. part. of* **ver** seen
visual visual
vivir to live
vivo alive; lively; vivid
voces *pl. of* **voz**
volar (**ue**) to fly
volumen *m.* volume
voluntad *f.* will
volver (**ue**) to return, go back, come back; **volver a** (**llamar**) (to call) again; **volverse** to turn
voy *1st sing. pres. ind. of* **ir**
voz *f.* voice; *pl.* shouts, cries; **con voz** (**triste**) (sad)ly; **en voz baja** in a low voice
vuela(n) *3rd pres. ind. of* **volar**
vuelta turn; return
vuelto *p. part. of* **volver**
vuelva(n) *3rd pres. subj. of* **volver**
vuelvas *2nd sing. pres. subj. of* **volver**
vuelve(n) *3rd pres. ind. of* **volver**
vuelvo *1st sing. pres. ind. of* **volver**
vuestro your

Y

y and; (**hombre tímido**) **y** (**pequeño**) (small, timid man)
ya already; now, presently; **ya no** no longer
yo I

Z

zapateado tap dance
Zorrilla, José (1817-1893) *Spanish romantic poet and dramatist, author of* Don Juan Tenorio, *one of the most popular Spanish plays*

ENGLISH-SPANISH VOCABULARY

A

a un, una
afraid: be afraid tener miedo
all todo(s)
although aunque
American americano
an un, una
arrive llegar (a)
as como
ask preguntar
at a, en
author (el) autor

B

bad mal, malo
be ser; estar; **be (sold)** (vender)se; **is (leaving)** (sale)
beautiful hermoso, bello
big gran, grande
book libro
by por, de

C

can poder
club (el) club
come venir, llegar (a)
confess confesar (ie)
cost costar (ue)
crow cantar

D

dance bailar
dear querido
decide decidir
defend defender (ie)
difficult difícil
discover descubrir

do, does *not translated with negatives and questions*
dog perro
during durante

E

English (el) inglés

F

famous famoso
father (el) padre
feel sentirse (ie)
five cinco
four cuatro
friend amigo; **girl friend** amiga

G

get ready prepararse
get up levantarse
girl niña, muchacha, (la) joven
give dar
go ir; **go away** irse
good buen, bueno
great gran, grande

H

have tener; haber (*auxiliary*)
he él
her su; la; le; ella (*with prepositions*)
here aquí
hero (el) protagonista
hers suyo
him le, lo; él (*with prepositions*); **to him** le
himself se
his su, suyo; **of his** suyo
house casa
how much cuánto

I

I yo
illustration lámina
in en; de
it la, lo; **it (is) (es)**

K

know conocer; saber; **know how** saber

L

last último
late tarde
leave salir (de), dejar
like como; **(he) likes (it)** (le) gusta
live vivir
lonely solo
look (at) mirar
love querer

M

man (el) hombre
me, to me me
member miembro
Mexico México
mine, of mine (el) mío
minute minuto, momento
money dinero
movies (el) cine; **movie actor** (el) actor de cine
Mr. (el) señor
must deber
my mi

N

name (el) nombre
near cerca de
nearby cercano
necessary necesario
necklace (el) collar
no no
nobody nadie
not no

O

o'clock: **(five) o'clock** las (cinco)
of de
one uno (un), una

P

poor pobre
pretty lindo, bonito
pupil alumno
put poner

R

room cuarto
rooster gallo

S

say decir
school escuela
secret secreto
see ver
sell vender
send mandar, enviar
shadow sombra
she ella
show enseñar
sincerely sinceramente
some algunos, unos
station (la) estación
story cuento, historia
supervisor (el) supervisor

T

take tomar, llevar(se)
taxi taxi; **taxi driver** (el) chofer
teach enseñar
tell contar (ue); decir
that que; aquel; aquella; ese, esa; **eso**
the el, la, los, las
them les, los
there allí; **there is (are)** hay
these estos
they ellos, ellas

think creer; pensar (ie); **think about** pensar en

this este, esta, esto

those esos, aquellos

tip propina

to a; para; **to him** le (se)

too también

town pueblo

train (el) tren

truth (la) verdad

twenty veinte

V

very muy; **very (much)** (much)ísimo

visit visitar

W

wake up despertarse (ie)

wallet cartera

want querer

we nosotros

when cuando

where donde; **where?** ¿dónde?

wife esposa, (la) mujer

with con; **with me** conmigo

work trabajar

write escribir

Y

year año

you usted, tú; le, lo, la, te

DATE DUE

SEP 18 '75			
NOV 13 '75			
DEC 1 '75			
NOV 10 '76			
NOV 25 '76			
GAYLORD			PRINTED IN U.S.A.